Leben.Lieben.Arbeiten **SYSTEMISCH BERATEN**

Herausgegeben von
Jochen Schweitzer und
Arist von Schlippe

Andrea Rohrberg / Dorothea Herrmann

Hinter den Kulissen – kleiner Leitfaden für kollektiv geführte Organisationen

Mit vier Abbildungen

Vandenhoeck & Ruprecht

Bibliografische Information der Deutschen Nationalbibliothek:
Die Deutsche Nationalbibliothek verzeichnet diese Publikation in der
Deutschen Nationalbibliografie; detaillierte bibliografische Daten sind
im Internet über http://dnb.de abrufbar.

© 2019, Vandenhoeck & Ruprecht GmbH & Co. KG,
Theaterstraße 13, D-37073 Göttingen
Alle Rechte vorbehalten. Das Werk und seine Teile sind urheberrechtlich
geschützt. Jede Verwertung in anderen als den gesetzlich zugelassenen Fällen
bedarf der vorherigen schriftlichen Einwilligung des Verlages.

Umschlagabbildung: Kulturbrauerei in Berlin © Andrea Rohrberg

Satz: SchwabScantechnik, Göttingen
Druck und Bindung: ⊕ Hubert & Co. BuchPartner, Göttingen
Printed in the EU

Vandenhoeck & Ruprecht Verlage | www.vandenhoeck-ruprecht-verlage.com

ISSN 2625-6088
ISBN 978-3-525-40482-9

Inhalt

Zu dieser Buchreihe 7
Vorwort 9

I Der Kontext

1 Worum es in diesem Buch geht 14
   1.1 Bis die Saat aufgeht 14
   1.2 Im Zentrum unserer Betrachtungen 17
   1.3 Leitfaden für die Praxis 20

II Die systemische Beratung

2 Und was genau ist anders in Kollektiven? 26
   2.1 Bloß keine Hierarchie 26
   2.2 Unterschiede – ein heikles Thema 29
   2.3 Das starke »Wir« 31
   2.4 Engagement und Verantwortung auf vielen Schultern 32
   2.5 Intensive Beziehungen über den Beruf hinaus 34
   2.6 Autodidaktik 34
   2.7 Skepsis gegenüber externer Beratung 36
3 Typische Fragestellungen der kollektiv geführten
Organisationen 37
   3.1 Was denn noch alles? Die Vielfalt der Aufgaben
      in Kollektiven 37
   3.2 Rollen statt Stellenbeschreibungen 42
   3.3 Unterschiede – ein Reichtum, den man manchmal
      gar nicht haben möchte 48
   3.4 Führung und Steuerung in Kollektiven –
      Mandate auf Zeit 55

    3.5 Dafür – dagegen – oder wie? Entscheidungen fällen 62
    3.6 Kommen und Gehen 67
    3.7 Beim Geld scheiden sich die Geister 71
    3.8 Innen und Außen – Kommunikation und Kooperation
        mit dem Umfeld 74
4 Handlungsleitlinien für Beteiligte 81
    4.1 Ein neues Verhältnis zu Macht und Führung gewinnen   81
    4.2 Das Nachdenken über die eigene Organisation fördern   82
    4.3 Kommunikation strukturiert reflektieren 82

III Am Ende

    Literatur 88
    Danksagung 91
    Die Autorinnen 92

Zu dieser Buchreihe

Die Reihe »Leben. Lieben. Arbeiten: systemisch beraten« befasst sich mit Herausforderungen menschlicher Existenz und deren Bewältigung. In ihr geht es um Themen, an denen Menschen wachsen oder zerbrechen, zueinanderfinden oder sich entzweien und bei denen Menschen sich gegenseitig unterstützen oder einander das Leben schwermachen können. Manche dieser Herausforderungen (Leben.) haben mit unserer biologischen Existenz, unserem gelebten Leben zu tun, mit Geburt und Tod, Krankheit und Gesundheit, Schicksal und Lebensführung. Andere (Lieben.) betreffen unsere intimen Beziehungen, deren Anfang und deren Ende, Liebe und Hass, Fürsorge und Vernachlässigung, Bindung und Freiheit. Wiederum andere Herausforderungen (Arbeiten.) behandeln planvolle Tätigkeiten, zumeist in Organisationen, wo es um Erwerbsarbeit und ehrenamtliche Arbeit geht, um Struktur und Chaos, um Aufstieg und Abstieg, um Freud und Leid menschlicher Zusammenarbeit in ihren vielen Facetten.

Die Bände dieser Reihe beleuchten anschaulich und kompakt derartige ausgewählte Kontexte, in denen systemische Praxis hilfreich ist. Sie richten sich an Personen, die in ihrer Beratungstätigkeit mit jeweils spezifischen Herausforderungen konfrontiert sind, können aber auch für Betroffene hilfreich sein. Sie bieten Mittel zum Verständnis von Kontexten und geben Werkzeuge zu deren Bearbeitung an die Hand. Sie sind knapp, klar und gut verständlich geschrieben, allgemeine Überlegungen werden mit konkreten Fallbeispielen veranschaulicht und mögliche Wege »vom Problem zu Lösungen« werden skizziert. Auf unter 100 Buchseiten, mit etwas Glück an einem langen Abend oder einem kurzen Wochenende zu lesen, bieten sie zu dem jeweiligen lebensweltlichen Thema einen schnellen Überblick.

Die Buchreihe schließt an unsere Lehrbücher der systemischen Therapie und Beratung an. Unsere Bücher zum systemischen Grundlagenwissen (1996/2012) und zum störungsspezifischen Wissen (2006) fanden und finden weiterhin einen großen Leserkreis. Die aktuelle Reihe erkundet nun das kontextspezifische Wissen der systemischen Beratung. Es passt zu der unendlichen Vielfalt möglicher Kontexte, in denen sich »Leben. Lieben. Arbeiten« vollzieht, dass hier praxisbezogene kritische Analysen gesellschaftlicher Rahmenbedingungen ebenso willkommen sind wie Anregungen für individuelle und für kollektive Lösungswege. Um klinisch relevante Störungen, um systemische Theoriekonzepte und um spezifische beraterische Techniken geht es in diesen Bänden (nur) insoweit, als sie zum Verständnis und zur Bearbeitung der jeweiligen Herausforderungen bedeutsam sind.

Wir laden Sie als Leserin und Leser ein, uns bei diesen Exkursionen zu begleiten.

Jochen Schweitzer und Arist von Schlippe

Vorwort

Kollektiv geführte Organisationen zeichnen sich dadurch aus, dass die in ihnen arbeitenden Personen für die Ausübung ihres Berufs in der Regel viel Idealismus aufbringen. Denn sie verstehen ihre Aufgaben als Berufung, und nicht in erster Linie als Mittel, Geld zu verdienen. Meist sind Kollektive kleine Firmen, Start-ups, oder hoch motivierte Gruppen etwa im Theater. Wer hier einsteigt, möchte nicht nur ein bestimmtes Produkt herstellen, sondern auch die Vision einer anderen Art von Arbeit verwirklichen, eben ohne Hierarchie, ohne Chefin, ohne Chef.

Das Gefühl, auf Augenhöhe zu sein, braucht dabei gar nicht mit der offiziellen Beschreibung der Dienstaufgaben zusammenzupassen – auch eine offiziell eingesetzte Leitung wird dann einhellig als »nur pro forma« beschrieben: Leitung, das ist doch unsere Aufgabe, wir brauchen keinen, der uns sagt, wo es langgeht! Wir stehen als Gruppe gemeinsam auf der Bühne. Das ist gerade die Vision: es soll ohne oben und unten gehen! Keiner soll führen, die Aufgaben, die anstehen, werden gemeinsam angegangen!

In diesen Gruppen können sich nun besondere Dynamiken entwickeln. Diese können unter Umständen – und gar nicht so selten – in massive und schwer zu verstehende Konfliktkonstellationen münden: warum gerade bei uns, wo wir doch alle das Beste wollen? Nicht nur im Theater ist der sprichwörtliche Krach hinter den Kulissen häufig, sondern auch in vielen anderen Feldern.

Das Gemeinsame der hier skizzierten Teamdynamiken ist, dass sich hier Menschen – manchmal sind sie schon vorher freundschaftlich verbunden gewesen – zusammentun, um gemeinsam etwas in Bewegung zu setzen. Diese Überzeugung, dieser Wunsch nach Gemeinsamkeit kann als Grundlage eines sogenannten »psychologischen Vertrages« gesehen werden, den die Mitglieder solcher Projekte miteinander schließen, meist unausgesprochen, manchmal auch nur halbbewusst. Dieser organisationstheoretische Begriff wird verwendet, um Konstellationen zu beschreiben, in denen die Akteure in Unternehmen sehr unterschiedliche Erwartungen aneinander und an das gemeinsame Arbeiten haben, ohne dass diese Erwartungen im Detail ausgearbeitet und geklärt werden. Man bewegt sich im Rahmen von Konsensfiktionen: wir kriegen das schon irgendwie hin, wir haben doch ein gemeinsames Ziel. Und es geht ja oft auch gut, oft auch über längere Zeiten, aber irgendwann kommt immer ein Punkt, an dem Differenzierung einsetzt, Unterschiede werden sichtbar. »Hm ..., da geht der eine schon wieder so früh nach Hause, war das nicht letzte Woche auch schon so? Abgesprochen war das nicht, und gerade jetzt, wo man selbst noch bis tief in die Nacht am Schreibtisch sitzt.«, »Hm ..., wieso eigentlich soll meine Kollegin, die – seien wir doch mal ehrlich – bislang noch keine einzige gute Idee eingebracht hat, genauso davon profitieren wie ich, wo ich doch das brillante Projekt angestoßen hatte, das uns jetzt so gut Geld einbringt?« usw. ...

Vorstellungen von Hierarchiefreiheit und Gleichheit können die Mitglieder so unverhofft mit einer Komplexität konfrontieren, die mit jeder kleinen Missstimmung zunimmt – und wenn dann ein psychologischer Vertrag einmal eingeklagt wird und deutlich wird, dass jeder ihn ganz anders verstanden hatte, können Konflikte aufbrechen, deren Massivität die Beteiligten überrascht. Die Gefahr ist dann groß, dass die Komplexität des Geschehens personenbezogen verrechnet wird: es liegt alles an dem einen, an ihm, an ihr. Wenn er/sie »weg« wäre, wäre es alles anders. Meist sieht der Betreffende die Dinge ähnlich, nur spiegelverkehrt, indem er/sie die Ursachen des Knirschens im Gebälk der Gruppe an anderer Stelle vermutet. Aus systemischer Sicht ist die Rückrechnung von Konfliktursachen auf einzelne Personen so etwas wie der »erkenntnistheoretische Sündenfall«. Es geht in dieser Perspektive vielmehr darum, sich gemeinsam mit der Komplexität der Situation auseinanderzusetzen, mit der man es zu tun hat und zu sehen, dass Hierarchiefreiheit nicht die Abwesenheit von Verantwortlichkeit und abgesprochenen Regeln bedeutet.

Und genau an dieser Stelle setzen Andrea Rohrberg und Dorothea Herrmann mit ihrem Buch an. Sie bieten eine Fülle an Möglichkeiten, wie sich kollektiv organisierte Gruppen und Teams, die sich so erleben wie hier beschrieben, selbst beobachten, wie sie potenzielle Fallstricke erkennen und ihnen vorbeugen können. Das Buch kommt nicht moralisch oder normativ daher, die Autorinnen nehmen die idealistischen Vorstellungen, die die Gründung vieler kollektiv geführter Organisationen begleiten, ernst und wissen sie wertzuschätzen. Sie werden von ihnen aber zugleich auf ihre möglichen Gefahren hin geprüft, Möglichkeiten der Prävention werden genauso beschrieben wie Auswege, wenn es schon kritisch geworden ist.

So kann ich dieses wunderbar geschriebene Buch nur allen Startups, Projektteams und Gruppen, die gemeinsam ein kleines Unternehmen auf den Weg bringen wollen, ans Herz legen. Die Kosten dieses kompakten Bandes werden sich in kürzester Zeit amortisieren. Ich bin sicher, das Buch wird vielen Teams eine Hilfe sein, sich konstruktiv weiterzuentwickeln.

Arist von Schlippe

Der Kontext

1 Worum es in diesem Buch geht

1.1 Bis die Saat aufgeht

Ob nach unzähligen Gesprächen in der Wohngemeinschaftsküche, intensivem Austausch in einem Probenraum, hitzigen Diskussionen über neue Ansätze in der Kunst oder unerträgliche Missstände im Bildungssystem, am Ende sind sich alle Beteiligten einig: »Wir bringen etwas Neues in die Welt – und wir machen es ganz anders: Ohne Chef oder Chefin, auf Augenhöhe!« So oder ähnlich beschreiben viele kollektiv geführte Organisationen im Rückblick, wie alles begann – in der Performance-Gruppe, im Design-Büro, im Architektur-Kollektiv, im Gartenbau-Team, in der Frauenberatungsstelle etc. Die wenigsten ahnen, mit wie vielen Mühen und Unwägbarkeiten das In-die-Welt-Bringen verbunden ist: Was soll's – wer wirklich etwas verändern möchte, muss ran an die Wurzeln, und die stecken bekanntermaßen tief in der festgefahrenen Erde des Herkömmlichen. Und diese muss zunächst beackert werden, bevor die neue Saat aufgehen kann.

Ein erstes Projekt wird skizziert, man krempelt gemeinsam die Ärmel hoch, die notwendigen Ressourcen steuern oft Freunde und Verwandte bei.[1] Ungeduldig erwartet liegt die liebevoll gestaltete Broschüre auf dem Tisch, steht die erste Premiere vor der Tür, ist das kleine Ladenlokal bezogen. Doch wider Erwarten bleibt der durchschlagende Erfolg zunächst meist aus. Noch scheinen die potenziellen Kunden oder Auftraggeberinnen buchstäblich blind zu sein für die doch so offensichtlichen Verbesserungen gegenüber herkömmlichen Produkten und Dienstleistungen.

Der euphorisch überschätzte Erstauftritt ist bald verdaut. Immerhin hat man Aufmerksamkeit generiert, kennt das Feld besser, das

---

1 Laut einer Studie der KfW-Bankengruppe ist nur ein kleiner Teil der Gründungen in der Kultur- und Kreativwirtschaft mit Fremdkapital ausgestattet (KfW, 2011).

Ziel hat sich geschärft, die nächsten Schritte werden klarer – für diese Lernerfahrung kann man auch den mittelmäßigen Erfolg einstecken. Es gibt noch kaum Aufträge, aber viel Arbeit, und wer im Kollektiv die Hand hebt, hat schnell ein Bündel neuer Aufgaben auf dem Tisch.

So arbeitet das System zunächst am Selbsterhalt. Einige Beteiligte hängen noch an ihren bisherigen (Neben-)Jobs – aus ökonomischer Notwendigkeit oder einem individuellen Sicherheitsbedürfnis heraus, andere haben sich bereits mit Haut und Haaren der neuen Sache verschrieben. In der Gruppe entsteht eine erste Schieflage. Haben nicht diejenigen ein Anrecht auf ein größeres Stück vom noch mageren Kuchen, die ihre gesamte Zeit in die große Sache investieren? Andererseits: Muss man nicht auch mal nüchtern Aufgaben verweigern, für die eigentlich keine Ressourcen vorhanden sind?

Streckenweise fühlt es sich in der Anfangsphase gemeinsamer Projekte für die Beteiligten an, als säßen sie in zwei Zügen mit unterschiedlichen Geschwindigkeiten: Der eine nimmt Fahrt auf in Richtung der gemeinsamen Vision, der andere stoppt an jedem Regionalbahnhof und hält so Schritt mit der Realität. Ein Dilemma: Mehr Zeitinvestition bringt (vielleicht) schnellere Zielerreichung, aber nicht alle können schon so viel Zeit aufbringen. Jedem Gruppenmitglied wird jedoch klar: Halbe Sachen gehen auf Dauer nicht. Das heißt: Der Anspruch an die Ergebnisse steigt. Damit wird zugleich notwendig, einzelne Tätigkeiten zu professionalisieren, gemeinsam die Abläufe zu verbessern und ein passendes Zeitmanagement zu etablieren.

Allmählich wendet sich das Blatt: Erste Aufträge und Projekte ziehen weitere nach sich – endlich! Die erhöhte Nachfrage fordert jedoch ihren Preis im Innenleben der noch jungen Organisation. Für viele Abläufe sind noch keine Routinen entwickelt. Aber will man diese Routinen überhaupt? Würde man sich dann nicht genau den Organisationsformen annähern, von denen man sich doch verabschieden wollte? Diese Fragen stellt sich das Kollektiv und jeder

Einzelne in ihm. Auch das kollektive Entscheiden steht auf dem Prüfstand: Kann man immer auf den warten, der seine E-Mails Tage später als letzter beantwortet? Mit neuen Projekten sind neue Kolleginnen und Kollegen ins sprichwörtliche Boot der Organisation gestiegen. In den Wunsch und Willen zur Zusammenarbeit auf Augenhöhe mischen sich Fragen zum Verhältnis von alten und neuen Kolleginnen und Kollegen: Sollen alle denselben Lohn erhalten? Tragen denn alle dieselbe Verantwortung, stehen gleichermaßen für Risiken ein? Dürfen überhaupt Unterschiede gemacht werden? Es gilt der Satz: Die junge kollektiv geführte Organisation muss sich selbst immer wieder neu finden.

Mit der Zeit glätten sich die Wogen, welche die Entscheidungen rund um die drängenden Grundsatzfragen verursachten. Abläufe und Entscheidungswege sind nun geklärt und eingeführt. Ausnahmen gehören dazu – aber das ist normaler Alltag. Jetzt ist Zeit zum Durchatmen und für eine erneute Standortbestimmung. Über die nun jahrelange Zusammenarbeit haben sich eingefahrene Kommunikationsmuster entwickelt. So gut diese in Stresssituationen für reibungslose Abläufe sorgen, so sehr werden sie von Einzelnen auch als einengend empfunden. Es gehört zum gemeinsamen Wertekanon des Kollektivs, sich mit diesen »eingefahrenen Loipen« kritisch auseinanderzusetzen. Wie gelingt das, wenn viele Beteiligte sich nicht nur beruflich verbunden sehen, sondern auch intensive Freundschaften entwickelt haben?

Eine neue Frage taucht in dieser Phase häufig auf: die soziale Absicherung. Was klassische Organisationen über gesetzliche, tarifliche oder arbeitsvertragliche Regelungen lösen, fordert das Kollektiv in besonderem Maße heraus. Gilt die Lohnfortzahlung im Krankheitsfall auch für uns? Welche Regelungen berücksichtigen unterschiedliche Lebensbedingungen, zum Beispiel freie Tage für Eltern mit kranken Kindern? Ist aber auch eine gefühlte Ungleichbehandlung besprechbar? Mit zunehmendem Alter der Beteiligten rücken

Fragen der Altersvorsorge in den Blick, eine besondere Herausforderung für Organisationen, die – wie ein großer Teil der Kulturwirtschaft – in einem oft durch Prekariat geprägten Feld agieren. In dieser Phase feilt das Kollektiv wieder bewusst an den eigenen Normen, nun jedoch weniger aus dem Bedürfnis der Abgrenzung heraus, sondern vielmehr mit dem Anliegen der Beteiligten, wesentliche Fragen für den eigenen beruflichen und privaten Alltag zu lösen.

Diese beispielhaft geschilderten Entwicklungen und Themen kollektiv geführter Organisationen erstrecken sich über ganz unterschiedlich lange Zeiträume. Während sie sich für die einen in eine Zeit zwischen fünf und zehn Jahren drängen, werden sie in anderen Gruppen über mehr als zwanzig Jahre lang immer wieder an die Oberfläche geholt und in immer tieferen Schichten von der Gruppe durchdrungen.

Es gibt nicht *das* Kollektiv – bei aller Ähnlichkeit der Fragestellungen sind die gefundenen Antworten, Positionierungen, Entwicklungen in kollektiv geführten Organisationen sehr unterschiedlich. Dieses Spektrum wollen wir in diesem Buch aufzeigen.

1.2 Im Zentrum unserer Betrachtungen

Der geschilderte Werdegang kollektiv geführter Organisationen steht beispielhaft für viele Gruppen, die an eine große Idee glauben und überzeugt sind, dass sie als Gemeinschaft »auf Augenhöhe« mehr erreichen können, als wenn sie sich jeweils einzeln oder in einer traditionellen hierarchischen Organisation auf den Weg machen, eine Idee zu verwirklichen.

Was den meisten nicht bewusst ist, die eine kollektiv geführte Organisation gründen: Bereits an dieser frühen Weggabelung haben sich die Beteiligten für einen Weg der gegenseitigen Abhängigkeit und des Aufeinander-angewiesen-Seins entschieden – nicht nur für ein einzelnes Projekt, sondern auf Dauer. Die zu jeder Zeit gemeinsam getragene Verantwortung ermöglicht dem Einzelnen einerseits, aktiv mitzugestalten, andererseits lässt sie wenig Raum, sich auch einmal zurückzulehnen und lediglich Anweisungen abzuholen.

Die Umsetzung der Produkt- oder Dienstleistungsidee in einer kollektiv geführten Organisation ist also mit einem starken *Wir* verknüpft. Es steht dabei für eine intensive Zusammenarbeit – gleichwertig, auf Augenhöhe, selbstbestimmt – und für die Ziele und Werte, die die Beteiligten neben dem eigentlichen Produktionszweck verfolgen, die sich auf die Herangehensweise an ihre Arbeit und die Positionierung im gesellschaftlichen Umfeld beziehen (z. B. Dreysse, 2012). Unternehmungen mit einem solchen starken *Wir* als besondere Qualität, Kompetenz und Anspruch in der täglichen Zusammenarbeit bezeichnen wir als »kollektiv geführte Organisationen«.

Auf ein Wort: »Kollektiv«

In dieser Veröffentlichung beziehen wir uns auf den Begriff *Kollektiv,* wie er in der alternativen Ökonomie genutzt wird (Schindowski u. Voß, 2001). Dort versteht man unter *Kollektiv* eine Gruppe, in der Menschen auf Grundlage gemeinsamer, kollektiv orientierter Werte zusammenarbeiten und teilweise gemeinsam wirtschaften.[2] Unter diesen Werten finden sich Hierarchielosigkeit, Selbstverwaltung, gemeinsame Entscheidungsfindung und gegenseitige Hilfe. Eine gleiche Entlohnung, unabhängig von hierarchischer Funktion oder quantitativer Leistung, wird häufig ebenfalls als konstitutiv für Kollektive benannt.

Weil nicht alle Gruppen sämtliche Merkmale eines Kollektivs in Reinform leben (insbesondere den Aspekt der gleichen Bezahlung

---

2 Viele Kollektive organisieren sich konsequenterweise als Genossenschaften – diese Unternehmensform erlebt derzeit eine Renaissance (enorm weconomy, 2018).

praktizieren Kollektive unserer Erfahrung nach sehr unterschiedlich), nutzen wir in diesem Buch meist den Begriff »kollektiv geführte Organisationen«. Die Bezeichnung »Kollektiv« verwenden wir lediglich, um Sätze sprachlich überschaubar zu halten. Für diese stellenweise Unschärfe bitten wir um Verständnis.

Wir widmen uns in diesem Band bewusst den kleineren Kollektiven, die von mindestens drei Personen gegründet bzw. geführt werden und oft – zumindest im Kern – auf nicht mehr als rund zwölf Personen wachsen. Es mag nach oben hin Ausnahmen geben. Warum jedoch die Zahl zwölf eine ungefähre obere Grenze darstellt, begründet sich nach unserer Erfahrung aus den speziellen Herausforderungen an direkte Kommunikation und Entscheidungsfindung solcher kollektiv geführten Organisationen. Ihre Ressourcen zur (Weiter-)Entwicklung der eigenen Organisation sind häufig begrenzt. Solchen kleinen Kollektiven wollen wir mit diesem Leitfaden Anstöße zur Klärung und Reflexion geben. Sie finden sich in Non-profit-Bereichen wie Kunst (Buchmann u. van Eikels, 2018), im sozialen und pädagogischen Feld ebenso wie in Profit-Bereichen, z. B. in Architektur- und Medienbüros, in der Landwirtschaft, im Handwerk oder in Unternehmen der ambulanten Pflege.

Es gibt auch größere Unternehmen, die sich hierarchiefrei oder zumindest hierarchiearm selbst steuern – sie brauchen allerdings komplexe Organisationsstrukturen für diese Selbststeuerung, verfügen aber auch über mehr Ressourcen dafür. Wie das gelingt, ist in hoch spannenden Büchern zu diesen »evolutionären«, »agilen«, »kollegial geführten« Organisationen beschrieben (z. B. Laloux, 2015; Oestereich u. Schröder, 2017).

Bei der Betrachtung der besonderen Herausforderungen kollektiv geführter Organisationen blenden wir in diesem Buch die Phase der Gründung bewusst aus. Hierzu gibt es schon sehr viel Literatur, Ratgeber, Erfahrungsberichte (z. B. Rohrberg u. Schug, 2010). Wir widmen uns der langen Strecke danach. Die Organisationen, um die es uns geht, haben also schon den Durchbruch geschafft und erwirtschaften Lohn und Brot für die Beteiligten. In der Regel bestehen die kollektiv geführten Organisationen dann aus einem zentralen Kernteam – meist aus den Gründungsmitgliedern – und mehreren »Zwiebelschalen« an dauerhaft oder temporär assoziierten Partnerinnen und Partnern sowie Mitarbeitenden (Abbildung 1).

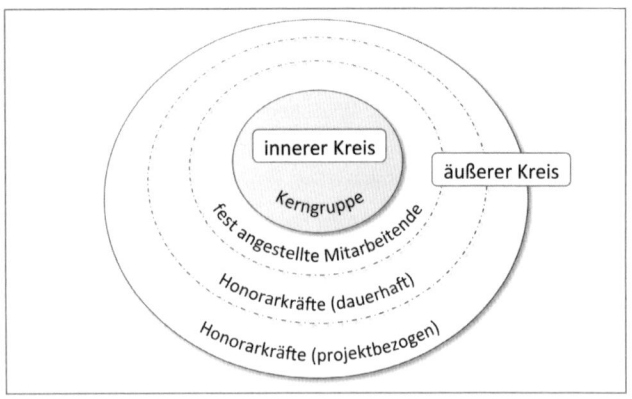

Abbildung 1: Typische Binnenstruktur eines größer gewordenen Kollektivs

1.3 Leitfaden für die Praxis

Mit diesem Buch wollen wir dazu beitragen, den oft komplexen und herausfordernden Alltag in einer kollektiv geführten Organisation zu bewältigen. Wir wollen all denjenigen einen Leitfaden für die Praxis an die Hand geben, die entweder selbst Teil eines solchen Kollektivs sind oder in Funktionen arbeiten, in denen sie häufig mit kollektiv geführten Organisationen zu tun haben oder mit ihnen zusammenarbeiten.

Wir widmen uns den einzelnen Themen so, wie wir auch als Beraterinnen in einer Organisationsentwicklungsberatung mit einer kol-

lektiv geführten Organisation vorgehen würden, und zeigen damit zugleich eine Herangehensweise auf, die auch ohne externe Begleitung hilfreich und anwendbar ist:
- *Die Themen zu fassen kriegen,* d. h. Phänomene beschreiben, auf den Punkt bringen, in ihren Wirkungen darstellen, Gefühltes besprechbar machen.
- *Zusammenhänge herstellen,* d. h. Hypothesen über gemeinsame Ursachen und Wechselwirkungen zwischen den Phänomenen formulieren, typische Fallen und Muster entdecken, »tote Winkel« ausleuchten.
- *Lösungen entwickeln,* d. h. Wege finden, die ungünstige Wirkungen reduzieren, günstige Wirkungen fördern und pragmatisch aus Sackgassen herausführen – und in Einklang mit dem spezifischen Wertesystem der Organisation stehen.
- *Experimentieren und Erproben,* denn es gibt keine Patentlösungen, schon gar nicht auf Dauer. Jede Lösung gilt es zu erproben und Erfahrungen auszuwerten, und das auch iterativ, d. h. in kleinen Portionen und Schleifen von ausprobieren – auswerten – modifizieren. So sind Lösungen auch im Alltag umsetzbar.

Anhand der Praxisbeispiele wollen wir zeigen, wie inspirierend die Arbeit in und mit solchen »Leidenschafts-Kollektiven« sein kann. Wir wollen daneben deutlich machen, wo besondere Schwierigkeiten durch Unklarheiten, überwertige Ansprüche, Unausgewogenheit von Leidenschaft und Abgrenzung, Ungeübtheit in Konfliktklärung und nicht-hierarchischer Steuerung entstehen können und wie man damit beherzt, kreativ und konstruktiv umgeht.

Unsere Erfahrung ist, dass die Sonnenseite und die Schattenseite der Arbeit in Kollektiven oft sehr nah beieinander liegen, quasi zwei Seiten einer Medaille darstellen. Sich dieser zwei Seiten bewusst zu sein, ist eine entscheidende Voraussetzung, die eigene Organisation gezielt gestalten und erfolgreich zwischen unterschiedlichen Polen navigieren zu können.

Unsere Expertise schöpfen wir aus eigenen Kollektiv-Erfahrungen, aber auch aus der Beratungsarbeit mit kollektiv geführten Organisationen haben wir viel gelernt. Viele der Ideen und Lösungsvorschläge sind gemeinsam entwickelt worden, oder wir verdanken sie den offenen, neugierigen und zum Ideenteilen bereiten Mitgliedern von Kollektiven aus den unterschiedlichsten Arbeitsfeldern.

Die systemische Beratung

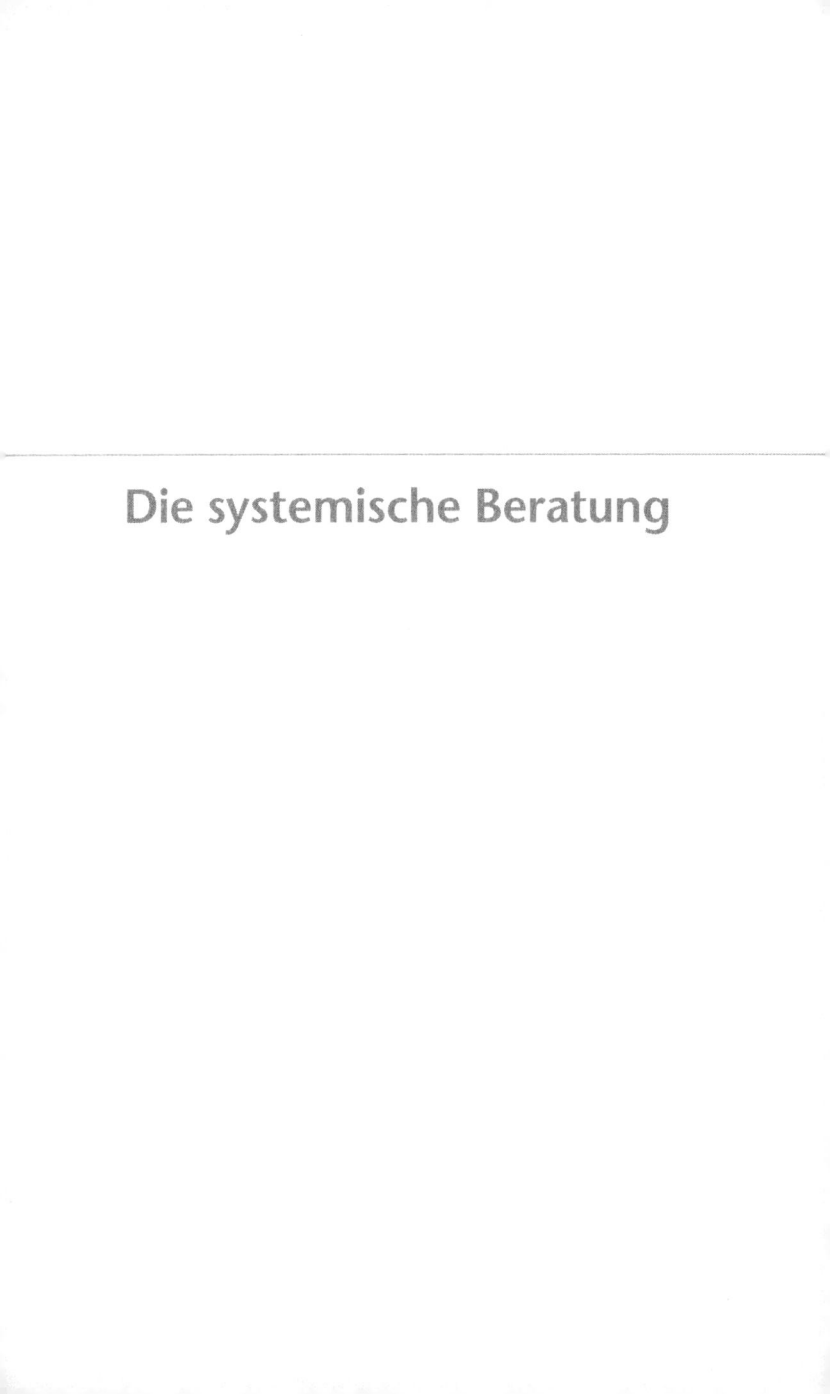

2 Und was genau ist anders in Kollektiven?

Das Produkt, die Dienstleistung ist nicht unbedingt das Wichtigste, was kollektiv geführte Organisationen von traditionellen hierarchischen Organisationen unterscheidet. Es ist die Form, die den Unterschied macht: die Gemeinschaft, die die Aufgabe, die Leistung sowie die Produkterstellung auf Grundlage kollektiver Werte gemeinsam trägt. Viele kollektiv geführte Organisationen und ihre Kundinnen und Auftraggeber sind davon überzeugt, dass dieses andere *Wer* und *Wie* durchaus auch das *Was,* die Qualität der Produkte und Dienstleistungen, fördert und heraushebt und auch die Qualität der Arbeitsprozesse positiv prägt.

Viele Fragen von »Wie steuern und führen wir bei uns?« über »Wie gestalten wir unsere Abläufe?« bis zu »Wie bestehen wir auf dem Markt?« beschäftigen kollektiv geführte Organisationen ebenso wie hierarchische, das zeigt ein streifender Blick über den einschlägigen Zeitschriften-, Bücher- und Tagungsmarkt (speziell zu Fragen der Steuerung und Gestaltung kollektiv geführter Unternehmen vgl. Laloux, 2015; Oestereich u. Schröder, 2017; Robertson, 2016). Diese Fragen bekommen für Kollektive jedoch aufgrund ihrer spezifischen Werte eine ganz besondere Färbung, auf die wir eingehen werden.

An dieser Stelle wollen wir zunächst die großen Linien herausarbeiten, entlang derer sich kollektiv geführte Organisationen von traditionellen unterscheiden.

2.1 Bloß keine Hierarchie

»Bloß keine Hierarchie« ist für viele kollektiv geführte Organisationen Leitidee und zentraler Antrieb bei der Gestaltung der eigenen Strukturen. Hintergrund dafür sind oft eigene Erfahrungen der Beteiligten in Ausbildung und Beruf: Hierarchie mit ihren Machtkonzentraten, den Führungsfunktionen der verschiedenen Ebenen, hat im Erleben der späteren Kollektiv-Gründer und -Gründerinnen zu vieles ausgebremst. »Einsame schnelle Entscheidungen«, »nicht die gefragt, die sich wirklich auskennen«, vielleicht sogar »die eigene Machtposition ausgenutzt« – all das hat enttäuscht. Und daraus entsteht die klare Überzeugung: »So nicht!«, die das Kollektiv konstituiert.

Die Überzeugung »Hierarchie schadet« ist Kollektiven so wichtig, dass die Hierarchiefreiheit dauerhaft beibehalten wird, auch wenn das ursprüngliche Gründungsteam größer wird – im Gegensatz zu traditionellen Gründungsteams, die zwar in ihrer Anfangszeit häufig auch keine hierarchischen Unterschiede leben, aber mit dem Wachstum über das Kernteam hinaus sehr schnell zunächst in eine horizontale Differenzierung gehen (d. h. Spezialisierung nach Aufgabenfeldern), dann aber auch in eine vertikale, hierarchische Differenzierung (d. h. Abteilungen mit Leitungsfunktionen).

Machtgefälle untereinander soll es nicht geben, das ist also die entschiedene Basis des Kollektivs. Indem Kollektive die Machtkonzentration auf wenige Personen ablehnen, um so die damit verbundene Gefahr des Machtmissbrauchs zu bannen, gerät ihnen jedoch nicht selten aus dem Blick, dass Führungs- und Steuerungsaufgaben an sich durchaus sinnvoll und notwendig sind – keine Organisation kommt ohne Steuern, Lenken, Bewerten und vor allem: Entscheiden aus.

Schaut man auf die Aufgaben von Hierarchie bzw. hierarchischen Führungsfunktionen in Organisationen, dann lässt sich Folgendes beobachten:

Hierarchie
- sorgt für Überblick,
- ermöglicht zügige Entscheidungen,
- teilt Arbeit und führt sie wieder zusammen,
- sorgt für Verbindlichkeit, Verlässlichkeit und Fairness,
- ermöglicht Sanktionen für schädliches oder abweichendes Verhalten,
- verortet die Verantwortung für das Ganze.

Traditionelle Organisationen lösen diese Aufgaben also mit relativ wenig Energieaufwand durch Hierarchie (Steinmann u. Schreyögg, 2013) und nehmen dabei die bereits geschilderten negativen Folgen entweder nicht wahr, bewerten sie als nicht gravierend oder sehen zumindest keine grundsätzlich andere Lösung. In kollektiv geführten Organisationen müssen diese Aufgaben immer wieder bewusst mit den aktuellen alltäglichen Anforderungen abgeglichen und mit zum Kollektiv passenden Strukturen beantwortet werden. Wenn beispielsweise eine Sanktion für ein die Organisation schädigendes Verhalten nicht im Wirkungskreis einer einzelnen hierarchisch höher gestellten Person liegen soll: Wie ist dann stattdessen damit umzugehen? Wo wird das Verhalten mit seinen schädlichen Auswirkungen thematisiert? Im Plenum – mit der Gefahr, dass das als Tribunal erlebt wird? Im kleinen Kreis? Und wer spricht es an?

Solche Fragen beschäftigen Kollektive zunächst einmal nicht, denn sie sind nur froh, »die Hierarchie loszuwerden« – konkrete Situationen fordern dann aber nach und nach ein, sich mit solchen Fragen auseinanderzusetzen und alternative Verfahrensweisen dafür zu finden.

Ein Phänomen braucht in Kollektiven allerdings besondere Aufmerksamkeit: Dass sich trotz der offen proklamierten Hierarchiefreiheit doch Hierarchien bilden können – informell. Solch eine informelle Hierarchie kann durch ein argumentationsstarkes, durchsetzungsfähiges Mitglied entstehen, dem beim Verfolgen seiner Ziele zu wenige etwas entgegensetzen können oder wollen. Manchmal bildet sich informelle Hierarchie auch auf leisere Art – unter Umständen ist jemandem gar nicht bewusst, wie sehr er auf andere Einfluss nimmt und Machtverhalten praktiziert: durch eindringliche Appelle, denen sich andere nicht entziehen können, durch proaktives, manchmal fürsorglich gemeintes, aber den anderen etwas (vor-)wegnehmendes Handeln (*»Ich hab schon mal mit dem Desig-*

ner gesprochen ...«) oder durch Nicht-Einhalten von Absprachen (im Sinne von: *»ich finde diesen Formalkram übertrieben, das sollen andere machen«*). Natürlich entwickelt sich informelle Hierarchie nicht durch einzelne solcher Verhaltensweisen, aber durch deren stete Wiederholung schon, sie ist dann zur Praxis geworden.

Dadurch, dass offene Hierarchie abgelehnt wird, wird das Thema in Kollektiven häufig tabuisiert: »Ist für uns kein Thema!«. Sich informell herausbildende Hierarchien erzeugen dann zwar Unbehagen, sind aber kaum besprechbar. Oder erst, nachdem sie Zorn auslösen – und dann sind sie angereichert und angeheizt mit heftigen persönlichen Vorhaltungen. Kollektive, die solche Dynamiken schon in den Anfängen wahrnehmen und ansprechen, verhindern und ersparen sich anstrengende Auseinandersetzungen.

Im Umkehrschluss soll damit keineswegs einer Leisetreterei das Wort geredet werden: Der Mut, Wirksamkeit zu entfalten und Einfluss auszuüben, ist für Mitglieder in Kollektiven genauso wichtig wie der Ausbau fachlicher Kompetenz und der Mut zum Hinterfragen. Dass die Wirksamkeit darin endet, »über andere wegzubügeln«, ist dann nicht zu befürchten, wenn man immer wieder bei den anderen Rückmeldungen zum eigenen Verhalten einholt und das eigene Verhalten reflektiert, z. B.: Was habe ich an Reaktionen auf meinen Vorschlag, mein Agieren beobachtet? In der Regel bringen Kollektive bereits eine gute Basis an Vertrauen und eine Kultur des Austausches hierfür mit.

2.2 Unterschiede – ein heikles Thema

Eine der stärksten tragenden Überzeugungen ist also die strikte Ablehnung von Hierarchie und damit eine grundsätzliche Gleichberechtigung im Kollektiv. »Bei uns spricht keine/-r ein Machtwort! Niemand bestimmt über andere!« ist als Aussage ein kraftvoller Sockel der gemeinsamen Arbeit. Nicht selten ist damit jedoch ein gedanklicher Kurzschluss verbunden: Das »wir sind alle gleich« bezogen auf Macht, Rechte, Einfluss wird übersteigert zu »wir dürfen uns nicht unterscheiden« und »wir dürfen nichts aus Unterschieden ableiten«. Und dann wird jeder Ansatz von Arbeitsteilung, werden unterschiedliche Arbeitsstile oder Gepflogenheiten misstrauisch beäugt. Wer durch Talent und Übung Expertise entwickelt, sticht aus der Gruppe heraus und könnte daraus Einfluss ableiten. Und so wird oft früh heftig gebremst, auf dass am besten erst gar keine Unterschiede entstehen bzw. deutlich werden. Expertenwissen und Spezialisierung erhalten so eine Absage.

Karin Flaake (1993, S. 44) beschreibt für Frauenkollektive, was unserer Erfahrung nach auch in anderen kollektiv geführten Organisationen zu beobachten ist: »[T]atsächlich haben Frauenkollektive oft eine große kreative Kraft. Das, was diese Beziehungen so faszinierend macht, lässt sie zugleich aber auch sehr brisant und fragil werden. Die Phantasie einer großen Nähe und Gemeinsamkeit lässt sich nur aufrechterhalten um den Preis einer geringen Abgrenzung. Das bedeutet, dass die Thematisierung von Unterschieden untereinander, von differierenden Meinungen und Einschätzungen, von unterschiedlichen Formen der Lebensgestaltung, von unterschiedlichen Funktionen in der Gruppe, lange hinausgezögert wird. Denn das bewusste Wahrnehmen von Ungleichheiten wird als bedrohlich, weil trennend, die Gemeinsamkeit zerstörend erlebt.«

Wenn kollektive Organisationen jede Unterschiedlichkeit ihrer Mitglieder früh kritisch beäugen und ausbremsen, aber nicht besprechen, wenn sie ihr Agieren an »Gemeinschaft von Gleichen« und weniger an »*Arbeits*gemeinschaft« ausrichten, kann es sein, dass sie sich damit gravierende Nachteile ins Haus holen, z. B.:
- Aufgaben bleiben liegen oder werden mal von dem Einen, mal von der Anderen erledigt, obwohl für das Ergebnis eine feste Zuweisung nach Qualifikation und Neigung besser wäre.

- Es geht verloren, dass manche Aufgabe oder Arbeitsphase durchaus davon profitiert, dass jemand deren Leitung übernimmt – als moderierende, den Ablauf steuernde Rolle.
- Wenn Verschiedenheit nicht thematisiert wird, werden die vielfältigen Fähigkeiten jeder Einzelnen nicht in ihrer unterschiedlichen Nützlichkeit betrachtet. Das verhindert zugleich, die Kompetenzen im Kollektiv gezielt einzusetzen oder weiterzuentwickeln – und damit auch die Arbeitsfähigkeit des Kollektivs zu verbessern.

2.3 Das starke »Wir«

Natürlich ist jede neue Organisation, jedes Gründungsteam erfüllt und energetisiert, überzeugt und manchmal gar besessen von der eigenen Produktidee oder Dienstleistung, die man realisieren möchte und die den Broterwerb und möglichst etwas darüber hinaus sichern soll. Kollektiv geführte Unternehmen treibt darüber hinaus noch mehr an. Was in der Anfangsphase zunächst noch unbestimmt und vage ist, differenziert sich während des konkreten gemeinsamen Tuns weiter aus: »Wir wollen auf der Grundlage kollektiver Werte zusammenarbeiten und dies auch zu einem Markenzeichen der besonderen Qualität unserer Arbeit machen!«

Diese Werte können sich beziehen auf

- *die Dienstleistung, das Produkt selbst:* So hat z. B. im Bereich der Pflegedienste die intensive Erfahrung von Entfremdung und kurzfristigem Denken bei der sogenannten »Minutenpflege« dazu geführt, dass in Pflegekollektiven Pflege wieder bewusst als Begegnung zwischen Menschen und unter Einbezug des Wohnumfelds gestaltet wird.
- *die Gestaltung von Arbeitsabläufen und die Art des Umgangs miteinander:* Entscheidungen werden gemeinsam im Kollektiv gefällt, unterschiedliche Perspektiven werden einbezogen, um die Qualität der Arbeit zu verbessern – auch von solchen Beteiligten, die

in einer hierarchisch geführten Organisation nicht in Entscheidungen einbezogen würden.
- *gesellschaftspolitische Überzeugungen:* Selbstverwirklichung, Ganzheitlichkeit statt Entfremdung im Arbeitsprozess, Gleichstellung, Nachhaltigkeit, Fair Trade, solidarisches Wirtschaften.

In der anfänglichen Selbstfindungs- und Gründungsphase von Kollektiven erfüllt das Konkretisieren des *Wir* eine wichtige Funktion: Es formuliert den Sinn der neuen Organisation und des intensiven Engagements. Und es hilft, erste Grenzen nach außen zu ziehen, insbesondere zu den herkömmlichen Organisationsformen und -strukturen im Umfeld, mit denen die Gruppenmitglieder meist selbst noch eng verbunden sind – durch den derzeitigen Broterwerb, durch Studium oder Ausbildung. Die Grenzziehung nach außen stärkt das System nach innen: Die ersten Erfahrungen, dass ein starkes *Wir* durchaus einen Unterschied in der Arbeitsweise ebenso wie im Arbeitsergebnis machen kann, sind Teil des Gründungsmythos kollektiv geführter Organisationen. Sie leben fort in Erzählungen über das lange gemeinsame Entwickeln und nicht selten nächtelange Ringen darum, wie es werden soll, ebenso wie in der selbstbewussten Haltung: »Was wir produzieren und leisten, ist etwas Besonderes und besonders Wertvolles«. Die Gründungserzählungen und das starke *Wir* tragen das Kollektiv und seine Mitglieder oft über Klippen und schwierige Wegstrecken in der gemeinsamen Entwicklungsgeschichte hinweg.

2.4 Engagement und Verantwortung auf vielen Schultern
In der Regel sind Mitglieder kollektiv geführter Organisationen hoch engagiert und mit Leidenschaft dabei. Sie brennen für die Sache der Organisation, aber auch für die Überzeugung, dass es den gemeinsamen Prozess benötigt, um die Sache gut zu machen. Auf dem lan-

gen gemeinsamen Weg seit der Gründung wird den Beteiligten in kollektiv geführten Organisationen immer bewusster, dass ein großes Maß an Gestaltungsfreiheit auch bedeutet, Verantwortung für die gemeinsamen Ziele und das große Ganze zu übernehmen. Da eine Rollenteilung in Arbeitgeber und Arbeitnehmer abgelehnt wird, heißt das im Umkehrschluss: Alle kümmern sich und übernehmen Verantwortung – für alles.

Mitglieder, die das hohe Maß an Engagement und Verantwortungsübernahme grundsätzlich nicht aufbringen können oder wollen, verlassen die Gruppe meist schon früh. Mit der Zeit wächst die Organisation, und die Erwartung an hohe Identifikation und Engagement wird von den Mitgliedern des Kernteams auf einen weiter außen stehenden Ring an Mitarbeitenden übertragen. Mitarbeitende, die ihre Arbeitszeit in der kollektiv geführten Organisation mit einem Anfang und einem Ende definieren oder Privates von Beruflichem trennen wollen, stehen schnell im Verdacht, sich nicht wirklich zu »committen« und damit auch irgendwie den Geist der Gruppe oder die gemeinsame Vision zu verraten. Die Erwartungen aneinander und die persönlichen Bindungen an das Kollektiv explizit auszuloten, ist deshalb ein wesentlicher Teil des Entwicklungsprozesses in einer größer werdenden kollektiv geführten Organisation.

Wenn ein unterschiedliches Maß an Engagement und Identifikation dazu führt, dass Einzelne wenig oder keine Verantwortung zur Weiterentwicklung ihrer individuellen oder der gemeinsamen Aufgabenfelder übernehmen und auf Anweisungen anderer warten, gerät der kollektive Ansatz in eine Schieflage. Es entstehen Verantwortungslücken und Unzufriedenheit. Dann ist die gemeinsame Konzentration auf die Frage »Welches gemeinsame Ziel wollen wir mit Hilfe unseres kollektiv orientierten Ansatzes erreichen?« notwendiger Teil der zukunftsorientierten Entwicklung einer kollektiv geführten Organisation.

2.5 Intensive Beziehungen über den Beruf hinaus

Lechler und Gemünden (2002) stellten in einer breit angelegten Untersuchung für fast alle Gründungsteams fest: Gesucht und gefunden haben sich die Teammitglieder meist schon im Rahmen ihrer Ausbildung oder im Verlauf einer späteren Berufstätigkeit, sie verbinden oft intensive gemeinsame Arbeitserfahrungen. Die Vertrautheit miteinander überwiegt sogar die rationale Frage »Welche unterschiedlichen Kompetenzen brauchen wir in unserem Team?« – und sie trägt weit über die Gründungsphase hinaus. Lechler und Gemünden (2002) konstatieren, dass die so oft geforderte Zusammenstellung von Gründungsteams nach sich ergänzenden Kompetenzen zwar sehr vernünftig klingt, aber eben nicht der Realität entspricht.

Die Schlussfolgerungen der Untersuchung können nach unserer Erfahrung auch auf Kollektive übertragen werden. Wegen der gemeinsam geteilten und gelebten Werte könnte das gegenseitige Kennen und Vertrauen vielleicht sogar in noch ausgeprägterem Maß gegeben sein und von den Kollektivmitgliedern außerdem als notwendig gesehen werden. Viele von ihnen sind neben dem beruflichen Kontext auch privat eng miteinander verbunden – sei es über eine jahrelange Freundschaft, die ihre Wurzeln schon vor der Gründung hat, sei es über eine Liebesbeziehung oder gar eine gemeinsame Familie.

Diese engen Verbindungen finden sich oft nicht nur innerhalb der Kerngruppe, sondern ebenso zwischen Mitgliedern der Kerngruppe und später hinzukommenden, weiter außen stehenden Mitarbeitenden. Bei Themen der Organisation werden deshalb häufig gleichzeitig Themen der persönlich-privaten Beziehung zwischen den Beteiligten mitverhandelt – ähnlich wie in Familienunternehmen.

2.6 Autodidaktik

Kollektive werden von Menschen gegründet, die in ihrem Fachgebiet über besonderes Können verfügen und besonders engagiert sind.

Neben der mitgebrachten Expertise im Kerngeschäft findet sich in kollektiv geführten Organisationen oft ein hohes Maß an Autodidaktik bezogen auf Fragen, mit denen ein Kollektiv nun neu und immer häufiger konfrontiert ist. Dies betrifft die effiziente Organisation von Arbeitsabläufen, Personalführung oder auch betriebswirtschaftliche Fragestellungen. Diese Aufgaben werden meist vom Kollektiv selbst angegangen – teils hemdsärmelig-engagiert (»Das schaffen wir selbst!«), teils notgedrungen und unter Mühen, weil die finanziellen Mittel nicht ausreichen, um derartige Aufgaben auszulagern (»Es hilft ja nichts ...«). Für die Beteiligten heißt das, sich mit für sie fachfremden Fragestellungen intensiv zu beschäftigen: »Woher kommt das Geld, das wir brauchen?«, »Womit genau verdienen wir unser Geld?«, »Wie wollen wir uns organisieren?«, »Wie steuern wir die vielen parallelen Aufträge?« etc.

Oft gibt es nur wenige kollektiv orientierte Vorbilder in der jeweiligen Branche. Und so ist ein Teil des Alltags in der kollektiv geführten Organisation auch damit gefüllt, eigene Antworten auf all diese Fragen zu finden, die zur Arbeitsweise und zu den Werten des Kollektivs passen.

Gerade bei betriebswirtschaftlichen Angelegenheiten ist immer wieder auch eine grundsätzliche Abwehrhaltung zu beobachten. Viele Beteiligte in kollektiv geführten Organisationen, die ihr Wertesystem häufig auch aus einer kapitalismuskritischen Perspektive entwickelt haben, stellen betriebswirtschaftliche Sichtweisen, die Beschäftigung mit Geschäftsprozessen oder mit Themen der Führung in die »neoliberale Ecke« und lehnen es ab, sich damit genauer zu befassen – man will ja »anders arbeiten als die ...«. Wenn über die Ablehnung oder Verteufelung der »kapitalistischen« Betriebswirtschaft aber jede Auseinandersetzung mit ihr im Keim erstickt wird, wird leider oft zugleich eine Quelle von Inspiration und Kreativität, aber auch von Zielgerichtetheit, Wirksamkeit und Effizienz negiert.

Erst wenn betriebswirtschaftliche Fragestellungen wie auch Fragen der Führung und Steuerung eines sozialen Systems als selbstverständliche Begleiterscheinungen von Organisation unvoreingenommen akzeptiert werden, gelingt es, Abläufe, Herangehensweisen, Steuerungsprinzipien usw. zu entwickeln, die zum eigenen Selbstverständnis und der Organisationskultur am besten passen und das (ökonomische wie auch soziale) Überleben des Kollektivs mit abzusichern helfen.

2.7 Skepsis gegenüber externer Beratung

Dem hohen Maß an Autodidaktik wie auch der starken Betonung des *Wir* und *Andersseins* in der Gründungsphase ist es möglicherweise geschuldet, dass in kollektiv geführten Organisationen externe Beratung im Bereich Organisation und Organisationsentwicklung eher ungewöhnlich ist und man sich derlei Unterstützung nicht holt. »Kein Geld für so etwas« ist eine Aussage, die auch eine Rolle spielt, Fördermöglichkeiten sind oft gar nicht im Blick. Hinzu kommt das in der Öffentlichkeit vielfältig geprägte Bild von Unternehmensberatern, die ins Unternehmen kommen, analysieren und anschließend empfehlen, wie rationalisiert und Personal eingespart werden soll – ein Graus für Kollektive mit alternativen gesellschaftlichen Werten.

Zu Beginn eines Beratungsprozesses muss deshalb zunächst das berufliche Selbstverständnis des Beraters/der Beraterin gegenüber den Beteiligten des Kollektivs geklärt werden. Es ist dabei unerheblich, ob der Schwerpunkt der Beratung bei der »Steuerung der Organisation als soziales System« oder bei der »betriebswirtschaftlichen Sicherung einer Organisation« liegt. Neben der Klärung des Selbstverständnisses müssen Maßnahmen der Vertrauensbildung stehen, die vermitteln, dass man einerseits als Begleiterin oder Begleiter integer bezogen auf das kollektive Selbstverständnis und die Wertebasis des Kollektivs und andererseits in der Lage ist, das System in angemessener Weise herauszufordern und konstruktive Selbstreflexion anzustoßen.

3 Typische Fragestellungen der kollektiv geführten Organisationen

Die Besonderheiten von Kollektiven, die wir im vorausgegangenen Kapitel skizziert haben, beeinflussen maßgeblich, wie die Beteiligten ihr Geschäft angehen und wie sie Geschehnisse und Dynamiken erleben und bewerten.

Im Folgenden beschreiben wir Problemstellungen, die uns in der beraterischen Praxis in kollektiv geführten Organisationen immer wieder begegnen.

Wir starten jeweils mit einer konkreten Beispielszene[3] aus einem Kollektiv und enden in der Regel mit Tipps, d. h. leicht umsetzbaren Vorgehensweisen zum praktischen oder reflexiven Umgang mit dem jeweiligen Thema.

3.1 Was denn noch alles? Die Vielfalt der Aufgaben in Kollektiven

»Das Piratenschiff« entwickelt neue pädagogische Konzepte für Naturerfahrungen von Kindern im urbanen Umfeld: Das kollektiv organisierte Projekt ist eine für Kinder spannende und abenteuerliche Betreuungseinrichtung mit einem Garten (»das Meer«), den die Kinder mit Gärtnerinnen, Schreinern und Sozialpädagoginnen pflegen.

Die ersten Jahre nach der Gründung waren anstrengend, aber auch sehr erfüllend für das fünfköpfige Kollektiv: Die gemeinsame Vision und das Konzept entwickeln, über die unterschiedlichen Disziplinen hinweg zu einer gemeinsamen Sprache finden, ein Grundstück aufspüren, Fördergelder organisieren – all das war enorm fordernd für die Beteiligten. Nun ist das »Schiff« eine feste Größe in

---

[3] Die Fallsituationen stammen aus dem realen Leben, wurden aber für dieses Buch verdichtet und anonymisiert.

der Bildungs- und Betreuungslandschaft der Stadt, aber weit davon entfernt, auf ruhiger See zu segeln. Alle fühlen sich ständig »an der Kante«, was die Menge an Arbeit für jeden Einzelnen angeht. Und es passieren gravierende Fehler wie neulich, als ein Kind mit einer Platzwunde angelaufen kam und sich der Erste-Hilfe-Kasten buchstäblich leergefegt zeigte. Oder als der Dienstplan überhaupt nicht auf den Besuch der beiden großen Schulklassen ausgerichtet war. Die Abrechnung der Fachleistungsstunden hinkt auch wieder hinterher. Zudem laufen demnächst Projektgelder aus und der zukünftige inhaltliche Kurs muss entwickelt werden. Einige der Mitarbeiter überlegen sich angesichts dieser alten und neuen Belastungen schon, ob der alles fordernde Alltag des Piratenschiffs sich noch mit der eigenen Lebensplanung vereinbaren lässt. Die spontan aufkommende Idee einer Atempause wird einhellig begrüßt: »Das Schiff« bleibt für zwei Tage geschlossen, das Kollektiv geht in Klausur.

Dass bei der Realisierung einer neuen Dienstleistung, eines neuen Produkts, einer künstlerischen Produktion etc. noch eine Menge Aufgaben drum herum anfällt, die sogenannten Stützleistungen oder Querschnittsleistungen, ahnen die meisten, die sich im Kollektiv auf den Weg machen. Wie viele Aufgaben das aber tatsächlich sind, ist nicht immer klar oder wird zunächst ausgeblendet, erst einmal steht anderes im Fokus. Manche dieser Aufgaben sind näher dran an der Kernleistung des Kollektivs, wie z. B. das Management von Auftritten, die Gestaltung der Website oder Pressearbeit, andere weiter weg, wie die Einrichtung neuer Software im Büro, Reisekostenabrechnung oder Ansprechperson für Putzdienst und Vermieter zu sein. Manche werden nicht gern übernommen (mit der fatalen Folge, dass sie »unter die Räder« geraten), aber sie sind eben doch alle notwendig, um den Arbeitsalltag aufrechtzuerhalten.

Eine kollektiv geführte Organisation sollte also
- nicht nur fachliche Aufgaben und Stärken einzelner Mitglieder im Blick haben, sondern auch das gemeinsame Verständnis für die notwendigen unterstützenden Aufgaben schärfen;
- die Verantwortlichkeiten für diese Aufgaben zur Kultur des Kollektiv passend verteilen und im Alltag aufrechterhalten;
- abwägen, wie viel Spezialwissen auch für diese Querschnittsaufgaben erforderlich ist und wie es im Kollektiv aufgebaut und weitergegeben wird;
- ein Bewusstsein dafür schaffen, dass je nach Entwicklung und neuen Anforderungen sich die Querschnittsaufgaben verändern bzw. neue dazu kommen.

Wenn weniger angenehme oder zeitfressende Aufgaben zu verteilen sind, die sich nicht so leicht rotieren lassen, weil sie eine bestimmte Qualifikation oder zumindest gesammelte Erfahrung erfordern, hat sich die Regel aus dem Film »Das Leben des Bryan« bewährt: »Jeder nur ein Kreuz«. Aber auch weniger unangenehme Stützleistungen werden am besten breit verteilt. Wer viele solcher internen Leistungen übernimmt, dem bleibt zwangsläufig weniger Zeit für die Kernleistungen, das eigentliche Produkt, die Kunst, die Kundenberatung etc. Hier gilt es aufzupassen, damit nicht die Einsatzfreude irgendwann in Frust umschlägt. Deshalb ist auch das Outsourcen zeitfressender Stützleistungen offen abzuwägen.

Neben den Stütz- oder Querschnittsleistungen gibt es einen anderen Typ von Aufgaben, der immer wieder zu kurz kommt: alles Langfristige, das wichtig ist, aber nicht dringend hier und heute oder morgen erledigt werden muss. Einige Beispiele: Zukunftsszenarien entwerfen und eine Strategie für den Weg dorthin entwickeln (Nagel, 2009), ein Netz von Kontakten knüpfen, ohne dass schon eine konkrete Kooperation geplant ist, oder individuelle Kompetenzen aufbauen, die nicht in einem Crashkurs anzueignen sind.

Alle auftragsbezogenen Aufgaben drängeln sich in der kollektiv geführten Organisation schon von selbst ins Blickfeld. Es gilt darüber hinaus, auch die »leiseren«, aber zukunftsprägenden Aufgaben im Hintergrund bewusst in den Blick zu nehmen.

Diese Herausforderungen werden oft als Einstiegsbedarf für eine Klausur zur Weiterentwicklung der Organisation definiert, wenn den Gruppen die Arbeit über den Kopf gewachsen ist und immer wieder deutlich wird, dass wichtige Aufgaben im Alltag aus dem Blick geraten oder als »freie Radikale« durch den Raum schweben. Auslöser, sich mit solchen Themen zu beschäftigen, sind häufig anstehende größere individuelle oder gemeinsame Weichenstellungen für die Zukunft.

Tipps für den kollektiven Alltag:
Querschnittsaufgaben sicherstellen

Tipp 1: Die gemeinsame Landkarte an Aufgaben beschreiben
Die Gruppe sammelt zunächst alle aktuell anfallenden Querschnittsaufgaben stichwortartig – pro Karte eine Aufgabe. »Büroklammern besorgen« wäre dabei zu kleinteilig, »Büromaterial einkaufen« die passendere Flughöhe. Die Aufgaben werden nach Themen gruppiert.

Im zweiten Schritt geht es ums Priorisieren: Mit welchen dieser Aufgaben sollten wir uns vordringlich befassen? Welche brauchen klarere Verantwortungszuordnung oder Vereinbarungen? Für welche Aufgaben haben wir das schon weitgehend geklärt?

Jeder verteilt drei rote und drei grüne Punkte (in kleinen Gruppen auch mehr) entsprechend der Leitfragen:
- Welche Aufgaben laufen im Alltag reibungslos und mit wenig Irritationen? (grün)

- Bei welchen Aufgaben kommt es immer wieder zu (Beinahe-) Unfällen? (rot)

Dabei sollten sich alle auf die Aufgaben konzentrieren, die sie als kritisch bewerten, also entscheidend für den Geschäftserfolg oder diesen potenziell gefährdend.

Nun wird zu allen rot markierten Aufgaben geklärt,
- was genau bei dieser Aufgabe erwartet wird und
- wem die Aufgabe verantwortlich zugeordnet wird: einer bestimmten Person, einem Tandem oder auch einer Rotationsregel – die muss dann so gewählt sein, dass immer klar ist, wer dran ist und wie die Übergabe vom einen zur anderen gelingt.

Tipp 2: Spezialaufgaben

Spezialaufgaben sind gut an ein Tandem zu vergeben – so entsteht kein Alleinstellungsmerkmal und auch keine Bearbeitungslücke, wenn eine von beiden krank wird oder aus dem Kollektiv ausscheidet. Auch eine Rotation der Aufgabe wird im Zweiergespann leichter, z. B.: Einer von beiden scheidet aus dem Tandem aus, ein Neuer steigt ein, wird eingearbeitet. Dann kann auch die zweite ursprüngliche Person herausrotieren usw.

Hilfreich ist eine Übersicht, aus der hervorgeht, bei wem derzeit welche Spezialaufgabe angesiedelt ist.

Tipp 3: Aufgaben weitergeben

Aufgaben sind manchmal nicht so leicht weiterzugeben, wenn sich jemand über längere Zeit reingefuchst hat und die Aufgabe dann für andere erst einmal als ein Buch mit sieben Siegeln erscheint.

Die Übergabe gelingt leichter, wenn die abgebende Person »Leitplanken« für die übernehmende Person mitliefert. Umfängliche

Prozessdokumentationen sind hierbei meist nicht nötig, es genügen Checklisten, Ablaufschritte oder Musterfälle. Manchmal ist auch ein Jahreslauf hilfreich: Eine Übersicht, was wann im Laufe eines Jahres zum Thema X zu tun ist. Oder Countdown-Listen: 3 Wochen vor einer Kundenveranstaltung – 2 Wochen vorher – 1 Woche vorher …

3.2 Rollen statt Stellenbeschreibungen

Es ist wieder Probenzeit – die Premiere steht vor der Tür. Entsprechend hoch ist der Druck auf die Mitglieder des Performance-Kollektivs. Jetzt gibt es nicht mehr viel Freiraum für neue Ideen. Nadja ist genervt, weil ihre Kolleginnen trotzdem immer wieder neue Aspekte in die Performance einführen – dafür ist jetzt einfach keine Zeit mehr. Und das sagt sie in der abendlichen Auswertungsrunde auch deutlich, die Stimmung ist gereizt. In der nächsten Probenrunde übernimmt Nadja die Rolle der Regie und sieht das Ganze nun von außen. Ihr wird bewusst: Da ist noch einiges zu tun, um es rund zu kriegen. Die einzelnen Personen wirken noch flach, ohne Ecken und dadurch irgendwie langweilig. Abends bei der Auswertung bricht es aus Maja heraus: »Ich bin ziemlich genervt von dir, Nadja. Zuerst machst du einen Riesenaufstand, weil ich so kurz vor der Premiere noch an meinem Part feile, und dann bringst du selbst gleich ein ganzes Bündel an neuen Anforderungen an nahezu jede hier rein. Was soll das Hin und Her denn?«

Das Beispiel zeigt: Unterschiedliche Rollen bringen unterschiedliche Perspektiven mit sich. Das ist Bereicherung und Quelle für Ärger zugleich. Was genau ist aber eine »Rolle«?

Eine Organisation lässt sich als eigenständiges *soziales System* denken und vom jeweiligen *personalen System* der beteiligten Individuen trennen. Beide Systeme überlappen sich allerdings und bilden an dieser Schnittstelle etwas Neues: die *organisatorische Rolle*. Burkhard Sievers (2000, S. 37) zeigt dies in Abbildung 2:

organisatorische Rolle

Personales System

Soziales System
Organisation

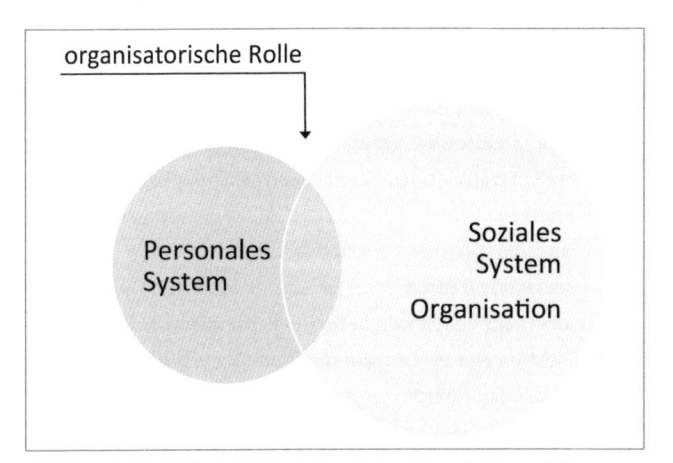

Abbildung 2: Die Rolle als Schnittstelle zwischen Organisation und Person (Sievers, 2000, S. 37; Abdruck mit freundlicher Genehmigung des Schäffer-Poeschel Verlags)

Die Erwartungen des Systems »Organisation« definieren, wie die jeweilige Rolle auszuführen ist, welche Aufgaben und welche Kompetenzen damit verknüpft sind – unabhängig von der Person, die diese Rolle ausübt. Wer eine Rolle übernimmt, zeigt aber darin nicht nur seine Kompetenzen, sondern ebenso persönliche Eigenheiten. Und wer sich mit einer übernommenen Rolle stark identifiziert, fühlt sich bei Kritik an der Rollenausübung dann doch schnell als Person insgesamt in Frage gestellt. Gerade hier ist der geschärfte Blick auf das dritte Element der Rolle sehr hilfreich. Die Reflexion der Rolle ist etwas ferner von der Person. »Wenn wir mit der Arbeit einer Person unzufrieden sind, nehmen wir inzwischen gezielt die Rolle und ihre Sinnhaftigkeit für die Organisation unter die Lupe. Dann merken wir meist rasch, dass wir die Rolle nicht gut geklärt hatten und unsere Erwartungen an sie unterschiedlich sind – und das macht es uns allen leichter, darüber zu reden«, so die Rückmeldung aus einem Kollektiv. Auf diese Weise stehen dann eher einzelne erwartete Verhaltens-

und Reaktionsweisen der Rolle im Mittelpunkt, nicht die Person als solche. Vielleicht gibt es auch die Entscheidung, dass eine Rolle nicht zu einer bestimmten Person passt – das ist für niemanden leicht zu akzeptieren, aber doch leichter als die Botschaft »Du bringst es nicht.«

Während in traditionellen, hierarchischen Organisationen häufig Rollenbündel zu Stellenbeschreibungen zusammengefasst und diese Stellen dann von einzelnen Personen dauerhaft übernommen werden, lösen viele kollektiv geführte Organisationen die Festlegung einzelner Personen auf bestimmte Rollen bewusst auf, wie die (Selbst-)Beschreibungen einiger Gruppen aus dem Bereich Performance in den Darstellenden Künsten zeigen:

- *»Die PerformerInnen verstehen sich als AutorInnen, DramaturgInnen und Ausführende ihrer Bühnenhandlung«* (She She Pop, 2018).
- *»Alle Mitglieder sind zugleich Konzeptentwickler, Dramaturgen, Regisseure und Performer«* (Frl. Wunder AG, 2018).
- *»We are an artists collective, the 7 core members working collaboratively on the concept, direction and performance of our work«* (Gob Squad, 2018).

Diese Auflösung fester Rollen ermöglicht beispielsweise ganz neue Herangehensweisen an Konzeption bzw. Autorenschaft, Regie, Dramaturgie und Darstellung. Dies hat im Theaterbereich zu neuen Impulsen auch über die Arbeit der einzelnen Performance-Gruppen hinaus geführt – bis hinein in traditionelle Theaterbetriebe.

Das Beispiel am Anfang des Kapitels zeigte, wie aber ein Wechsel von Rollen – in diesem Fall zwischen Performerin und Regisseurin – die jeweiligen Rolleninhaberinnen wie auch alle anderen vor große Herausforderungen stellt. Jede Rolle ist mit ganz unterschiedlichen Erwartungen konfrontiert: hier einerseits mit der Erwartung einer authentischen Performance (die nur gelingt, wenn sich jede in ihrer Rolle wohl fühlt) und andererseits mit der Erwartung an die Regie, aus einem Stück eine runde Sache zu machen. Je nach Erwartung an die jeweilige Rolle ändert sich auch das Verhalten der Rolleninhaber. Da ist es für die Beteiligten manchmal schwer nachvollziehbar, wenn die gleiche Person je nach aktueller Rolle – als »Kollegin Performerin« oder als »Regisseurin« – plötzlich überraschend anders handelt.

Auch wenn solche Rollenwechsel zunächst Mühe machen, nehmen Kollektive dies jedoch mit Blick auf die Vorteile gern in Kauf: Alle Mitglieder üben sich so im Perspektivenwechsel – das reichert den Blick auf die Aufgabe, das »Produkt«, genauso an wie es das Gefühl für die Anforderungen dieser spezifischen Rolle fördert und damit auch das Verständnis für andere Teammitglieder, wenn sie diese Rolle einnehmen.

Solch ein flexibles Rollenkonzept praktizieren Kollektive nicht nur in der eigentlichen fachlichen Arbeit, bei den Kernleistungen, sondern ebenso bei Stützleistungen, die die Organisation am Laufen halten. Natürlich bilden sich individuelle Schwerpunkte heraus, insgesamt sind die Rollen jedoch eher schmaler gefasst und wesentlich flexibler als in herkömmlichen Organisationen.

Wie lassen sich aber Rollen flexibel besetzen, ohne die Klarheit der Rolle zu verwischen und damit die Wirksamkeit eines Rolleninhabers einzuschränken? Folgende Überlegungen können bei der Ausgestaltung von Rollen hilfreich sein:
- Welche klassischen Rollen sind für unsere spezifische Kernleistung überhaupt zu besetzen? Welche Qualifikation, welche Erfahrung ist dazu notwendig? Wer verfügt darüber oder kann sich darin üben, damit Rotation möglich wird?
- Welche Aufgaben lassen sich ansonsten noch sinnvoll zu Rollen bündeln? Hilfreich ist, Bündel mit ähnlichen Voraussetzungen und damit ähnlicher Rotationsmöglichkeit zusammenzufassen: Was Einarbeitung braucht (z. B. Buchhaltung, Finanzmanage-

ment) kann seltener rotieren als z. B. die Rolle »Besprechungen organisieren und moderieren«.
- Welche Rollen wirken vor allem nach innen? Da ist ein Wechsel in der Besetzung schnell innerhalb des Kollektivs zu kommunizieren. Welche Rollen haben Wirkung nach außen und brauchen deshalb eine größere Konstanz als Ansprechpartner für Außenstehende?
- Wie ist es in der Gruppe um die Wertigkeit einzelner Rollen bestellt? Wenn sich weniger attraktive Stützleistungsaufgaben nicht gleichmäßig (und rotierend) auf verschiedene Rollen verteilen, sondern schlimmstenfalls in einer Rolle gebündelt werden, entstehen heimliche Hierarchien im Kollektiv: Derjenige mit den »internen Orga-Aufgaben« läuft Gefahr, als weniger wichtig betrachtet zu werden und dementsprechend weniger Einfluss zu haben.
- Eine besondere Herausforderung für eine kollektiv geführte Organisation sind Rollen, die vom Umfeld immer wieder ins Scheinwerferlicht gezogen werden. Zum Beispiel in der Architektur, wo die Öffentlichkeit gern den Blick auf die Person richtet, deren Name auf dem Entwurf steht, und die Person mit der herausfordernden Aufgabe der Bauleitung meist unbeachtet lässt. Um diese Wertungen nicht unbewusst ins Kollektiv zu übernehmen, sollte die Gruppe einen offenen Umgang damit pflegen, entsprechende Rollen bewusst wechselnd oder zu zweit besetzen und in der Kommunikation nach außen keine einzelnen Namen in den Vordergrund stellen.
- Was zu jeder Rolle definiert werden muss: Welche Entscheidungen können die Rolleninhaberinnen selbst treffen, und bei welchen Entscheidungen muss die Kerngruppe einbezogen werden? Welches Mandat mit welchen Rechten bekommen die Spezialisten, den anderen auch Vorschriften zu machen, und wo sind die Grenzen? Beispiel: Wer sich um die Buchhaltung kümmert,

kann formulieren, wie die anderen Kollektivmitglieder notwendige Zuarbeiten ausführen sollen, z. B. Belege nach Datum sortiert bis zum 10. des Folgemonats einreichen. Solche Anleitungen können als *Ausführungsregeln* in Protokollen oder in einer Datei auf dem gemeinsamen Server hinterlegt werden. Die Befugnis endet aber da, wo ein grundsätzlicher Rahmen festgelegt wird, wie z. B. Budgethöhen. Solche *Rahmenregeln* sind Sache des Kollektivs.
- Welche Möglichkeiten gibt es für Rolleninhaber, deutlich zu machen, in welcher Rolle sie in einer bestimmten Situation agieren? Oft hilft in Gesprächen schon ein einleitender Satz wie z. B. »Wenn ich jetzt in meiner Rolle als Verantwortliche für Personal darauf schaue, dann fällt mir auf …«

Für alle, die mit und in kollektiv geführten Organisationen arbeiten, ist es also ein wichtiger Schritt, Person und Organisation unabhängig voneinander zu denken und die gemeinsame Schnittstelle, nämlich die Rollen und deren Aufgaben, Kompetenzen und Arbeitsweisen, als Chance zu sehen, eine für alle passende Organisation kreativ zu gestalten, und damit verbunden eine gemeinsame Feedback- und Lernkultur auf der Basis der gemeinsamen Werte zu etablieren.

Tipps für den kollektiven Alltag:
Rollen aktiv gestalten

Gemeinsame Landkarte von Rollen und Entscheidungsbereichen beschreiben

Diese Übung baut auf der Aufgabensammlung aus Kapitel 3.1 auf. Gebraucht werden Moderationskarten in zwei Farben und dicke Stifte.

Die schon gesammelten Bündel an Querschnittsaufgaben werden ergänzt um Aufgaben, die die wichtigsten Kernleistungen des Kollektivs betreffen, also z. B. »Performance-Projekt durchführen«, »Gastspiele akquirieren« oder »Tournee planen«.

Nun werden den gebündelten Aufgaben Rollen (jeweils auf andersfarbigen Karten) zugeordnet. Wie die Rolle benannt wird, obliegt den Mitgliedern – Hauptsache ist, alle verstehen, welche Aufgaben darunter angesiedelt sind. Rollen, die sich in vielen kollektiv geführten Organisationen herausgebildet haben, aber oft nicht explizit benannt sind: »Personalverantwortliche«, »Kümmerer« (s. a. Kapitel 3.4), »Geschäftsführung« oder »Vorstand« bzw. »Kerngruppe des Kollektivs«.

Danach werden die Entscheidungsbereiche der jeweiligen Rollen festgehalten (Karten in dritter Farbe). Hilfreich ist hier, an Situationen mit dem größten Konfliktpotenzial zu denken: Bei welchen Themen bzw. Entscheidungen sind wir uns nicht sicher, ob sie von den Rolleninhabern oder von der (Kern-)Gruppe insgesamt entschieden werden sollten? Bei welchen Entscheidungen kommt es immer wieder zu Konflikten, weil Zuständigkeiten unklar sind oder andere verstimmt sind, weil sie sich nicht eingebunden fühlen?

Solche Rahmenrichtlinien lassen sich nicht nur in extra dafür vorgesehenen Terminen definieren, sondern nach und nach auch in den laufenden gemeinsamen Besprechungen – wann immer jemandem deutlich wird: »Hier schwimmen wir, was unsere Erwartungen an eine Rolle betrifft.«

3.3 Unterschiede – ein Reichtum, den man manchmal gar nicht haben möchte

Stephan ballt die Faust in der Tasche, als Carol wieder mal über eine Stunde später als geplant zurück ins Büro der »Stadtgärtner« kommt: »Ich hab' schnell noch ein paar Sträucher geschnitten.« Sträucher schneiden? Das war definitiv nicht Teil des Auftrags! »Steht zwar nicht in unserem Angebot – aber das dürfen wir doch dann sicher zusätzlich mit abrechnen, oder?«, fragt Stephan mit deutlicher Ironie nach. Carol überhört den Unterton: »Ach nee, lass mal – die alte Dame hat mich einfach so nett gefragt, da hab' ich das rasch gemacht.« »Du hast also wieder mal umsonst gearbeitet?! Ey, so kommen wir nie auf einen grünen Zweig!« Stephan ist sauer. Immer wieder gibt Carol den Kunden nach, erledigt dies, bringt das noch mit – und hat einfach nicht im Blick, wie viel Arbeitszeit für diese Good-will-Aktionen draufgehen. Klar, die Kunden lieben sie dafür. Aber fürs Kollektiv unterminiert sie Umsatz und Ertrag. »Du denkst zu wenig unternehmerisch«, halten ihr die anderen vor. »Ich sorg eben für Kundenbindung«, hält Carol dagegen. »Du kannst nur einfach nicht nein sagen«, denkt Stephan.

Immer wieder gern gesagt: Dass Menschen unterschiedlich sind, ist ein Reichtum. Ja, das stimmt. Es ist prima, wenn in einem Kollektiv nicht nur unterschiedliche fachliche Talente versammelt sind, sondern auch unterschiedliche Arbeits- und Kommunikationsstile, unterschiedliche Lebenserfahrungen und unterschiedliche Perspektiven auf die Welt: Diversity bringt nicht nur großen Unternehmen einen Wettbewerbsvorteil.

Im kollektiven Alltag muss man ehrlicherweise zugestehen, dass genau dieser Reichtum an unterschiedlichen Stärken, Persönlichkeitsmerkmalen und Kommunikationsmustern auch anstrengend sein und Kraft kosten kann:
- Wenn ein Kollektivmitglied immer wieder antreibt, sich »unbedingt« um neue Trends im Fachgebiet zu kümmern, sich »endlich mal« auch in einem Wettbewerb zu beweisen, »dringend« den Kundenstamm auszubauen, und eine andere ihn scharf zurückweist – nicht weil sie seine Ideen nicht teilt, sondern weil sie die entsetzten Augen anderer Kolleginnen sieht, die ihr sehr am Herzen liegen und die bei solch einer Schlagzahl nicht mithalten können.
- Wenn einer aus dem Kreis wunderbare Ideen für die Beteiligung am Stadtteilfest einbringt, Kuchenbacken, Plakatemalen, Einkau-

fen und Aufräumen dann aber wieder von den drei stillen Fleißigen übernommen werden.
- Wenn drei Leute im kreativen Gespräch die Vision »Unser Kollektiv in fünf Jahren« skizzieren und dann ein Vierter diese Vision kritisch zerlegt und erst einmal als »Bedenkenträger« oder »Nörgler« dasteht – auch wenn vielleicht später klar wird, dass er genau den Fallstrick benannte, der später großes Ungemach gebracht hätte.
- Wenn eine ihrem Ärger immer ganz unmittelbar Luft macht und danach schnell wieder auf »konstruktiv« umschalten kann, empfindlichere Mitglieder aber noch lange an der Heftigkeit des Ausbruchs zu knabbern haben.
- Wenn einige sich penibel um die Dinge kümmern, die Genauigkeit brauchen (Angebote, Buchhaltung, Lohnabrechnungen etc.) – und andere fest vereinbarte Regeln und Verfahrensweisen allenfalls als grobe Empfehlungen auslegen und immer wieder Fristen großzügig überschreiten, weil gerade »ein künstlerischer Flow« Vorrang hat.

Und wenn es dann – wie oft in Kollektiven – eine Hemmung gibt, sich damit offen auseinanderzusetzen, weil »hier ja keiner dem anderen etwas zu sagen hat« und »es ja bei uns schon vor allem auf den Zusammenhalt der Gemeinschaft ankommt«, schwebt eine ungute Stimmung in der Luft, die erst einmal schwer aufzulösen scheint.

Es stimmt: Die Gemeinschaft ist ein hohes Gut im Kollektiv. Aber es ist in erster Linie eine *Arbeits*gemeinschaft. Und als Arbeitsgemeinschaft ist es hilfreich, sich sehr früh an die Reflexion über die Art der Zusammenarbeit zu gewöhnen: »Wie läuft es denn bei uns? Wo knirscht es? Wo drohen wir uns zu verhakeln? Wo durchkreuzen wir unbewusst unsere eigenen Ziele? Wo stehen wir uns ungewollt gegenseitig im Weg?« Je früher man solche Fragen stellt, desto eher lassen sich Unterschiede noch mit relativer Gelassenheit zur Sprache zu bringen – ist ein Konflikt erst einmal eskaliert, wird es viel schwieriger.

Hilfreich ist, sich klarzumachen, mit welcher Legitimation man persönliche Unterschiede im Arbeits- und Kommunikationsstil zur Sprache bringt. Worin besteht also die Eintrittskarte, jemanden damit zu konfrontieren, dass seine, ihre Art belastet, und gegebenenfalls sogar eine Änderung von der Person zu erwarten?

Zwei Prüffragen helfen:
- Ist durch die Art der Kommunikation, der Arbeitsweise etc. von X unser gemeinsames Ziel ernsthaft gefährdet? Wodurch genau?
- Ist durch die Art der Kommunikation, der Arbeitsweise etc. von X meine Arbeitsfähigkeit ernsthaft gestört? Wodurch genau?

Wer sich das klar macht, kann im Gespräch statt eines globalen »Wie du das machst, ist einfach Mist/nervt mich total« viel gezielter benennen, welcher Teil des Verhaltens genau welche (in der Regel gar nicht bewussten und absichtlichen) schädlichen Nebenwirkungen mit sich bringt. Das ist beim Adressaten in der Regel immer noch nicht gern gehört, aber doch deutlich leichter zu akzeptieren. Denn schädliche Wirkungen möchte niemand gern erzielen.

Da, wo man sich gegenseitig tatsächlich konsequent abverlangen muss, gegen eigene Gewohnheiten und den persönlichen Lebensstil anzugehen (wenn z. B. jemand, der sich selbst als *kreativen Chaoten* bezeichnet, präzise Reisekostenabrechnungen erstellen soll), sollte man dies mit Respekt vor dessen besonderer Anstrengung honorieren, aber weder ironisieren noch weiter missionieren. Eine kreative Chaotin wird nie mit Freude auf ein Excel-Sheet schauen.

Es ist klar, dass niemand im Kollektiv als Person umgekrempelt werden soll. Aber es sollte genauso selbstverständlich voneinander zu erwarten sein, dass jeder den eigenen Verhaltensspielraum ausschöpft, um das Gemeinsame voranzubringen und die anderen nicht über Gebühr zu stressen. Wenn man so denkt, finden sich oft Wege, dem gemeinsamen Ziel ebenso zu dienen wie dem Respekt vor der Unterschiedlichkeit.

Eine dritte innere Prüffrage hilft, sich gegenseitig mit der Andersartigkeit auszuhalten:
- Was ist der »gute Kern« in dem, was mich jetzt gerade nervt? Und was würde fehlen, wenn es diesen »guten Kern« in unserem Kollektiv nicht gäbe?

Ein Beispiel: Silvie findet Mark immer wieder zu dominant: »Der sagt nur Sätze mit Ausrufezeichen.« Sie geht nicht gern in Auseinandersetzung mit ihm. Aber sie muss zugestehen: Er ist auch nach außen standfest, z. B. wenn Kunden den Preis drücken wollen. Da hat so manches Mal Marks »Ausrufezeichen« dafür gesorgt, dass das Feilschen ein Ende hatte – und der Auftrag trotzdem erteilt wurde.

Mit der dritten Prüffrage soll ein Verhalten, das andere mitunter ausbremst, ärgert, ihnen zu schaffen macht etc. nicht schöngeredet werden. Es geht schlicht darum, anzuerkennen, dass jede Verhaltensstärke neben der großartigen Sonnenseite auch eine Schattenseite hat und jede Verhaltensschwäche neben der Schattenseite auch eine Sonnenseite.

Es gilt, zu akzeptieren, dass eine Gruppe unterschiedliche Kommunikationskompetenzen benötigt, um angesichts der vielen (Umwelt-)Anforderungen funktionieren zu können. Und es bereichert, wenn man auch die Stilleren mit ihren vielen Zwischentönen wahrnimmt.

Was Kollektive oft auszeichnet: Unterschiede werden weder bezogen auf Aufgaben und Rollen noch bezogen auf einzelne Personen als statisch wahrgenommen. Vielmehr besteht meist das tief verwurzelte Bewusstsein, dass eine Auseinandersetzung mit ihnen die Gruppe und letztendlich auch die Arbeitsergebnisse voranbringt.

Tipps für den kollektiven Alltag:
Mit Unterschieden umgehen

Tipp 1: Zeitweise »Ich« statt »Wir«

Die starke Basis des gemeinsamen »Wir« äußert sich auch sprachlich darin, dass Einzelne oft per »wir« intuitiv für die ganze Gruppe sprechen (können).

In Situationen, in denen es darum geht, Unterschiede produktiv für die Gruppe herauszuarbeiten, hat ein »Wir« jedoch oft eine vorschnell nivellierende Wirkung. Oder es provoziert Widerstand bei Einzelnen, wenn das »Wir« als normatives oder moralisierendes Totschlagargument eingesetzt wird, das ein Tabu für Unterschiede aufbaut, ohne sich damit wirklich auseinanderzusetzen.

Solch ein zu schnelles, absolutes »Wir« verhindert, dass die Gruppe für sich klärt, wo es auf Einheitlichkeit ankommt und wo Unterschiede Raum haben. Mitunter braucht es ein Sprechen aus der »Ich«-Perspektive. Die eigene innere Landkarte transparent zu machen (»wieso ich darauf komme«, »welche Vorerfahrungen bei mir eine Rolle spielen«) und individuelle Gefühle zum Ausdruck zu bringen, sind eine gute Voraussetzung, die gerade eingenommene Perspektive zu verdeutlichen.

Das lässt sich z. B. in Teambesprechungen gezielt üben: Eine vorab vereinbarte kleine Handbewegung, die von den Zuhörenden eingesetzt werden kann, spiegelt freundlich den unbedachten »Wir«-Gebrauch. Nach einer gewissen Sensibilisierung kann diese Prüfgeste dann gern wieder in den Methodenkoffer zurückgelegt werden.

Tipp 2: Über Interessen und Absichten sprechen

Unterschiede sind da besonders anstrengend, wo Positionen aufeinanderprallen: A will mehr und weiter weg auf Tournee gehen, B hasst Tourneen. Statt gegeneinander zu kämpfen oder jeweils Verbündete zu organisieren, lohnt sich der Blick dahinter: Was sind die

Faktoren, die A locken, welche Absicht verfolgt er mit den umfangreichen Tourneen, welche Wirkung verspricht er sich davon? Und welche Interessen bewegen B, möglichst nur im engsten regionalen Umfeld aufzutreten?

Wenn Interessen statt Positionen in den Mittelpunkt des Gesprächs rücken, erhöht sich die Chance, doch noch einen gemeinsamen Weg zu finden, der vielleicht nicht alle Interessen zugleich, aber doch mehr berücksichtigt, als es ein schlichter 50/50-Kompromiss vermocht hätte.

Tipp 3: Sensibilität für unterschiedliche kommunikative Rollen entwickeln

Die folgende Reflexionsübung eignet sich besonders für die Auswertung von abgeschlossenen Projekten:

Jedes Mitglied der Gruppe bekommt ein Blatt Papier auf den Rücken geheftet, das mit dem Halbsatz überschrieben ist: »Im letzten Projekt hat mir an der Art und Weise, wie du dich im Projekt eingebracht hast, besonders gefallen, dass …«. Nun bewegen sich alle durch den Raum, lassen sich das vergangene Projekt durch den Kopf gehen und schreiben den Halbsatz fortsetzende Bemerkungen auf die Rücken der anderen. Wenn alle ihre Rückmeldungen hinterlassen haben, nimmt sich jeder den Zettel vom Rücken und liest ihn durch. Nun erfolgt ein Austausch in der Gruppe zu folgenden Leitfragen:

- Aus Sicht der Einzelnen: Welche »typische(n)« Rolle(n) in der Gruppe lassen sich aus den Rückmeldungen aus meiner Sicht beschreiben? Und: Welche Sonnen- und Schattenseiten bringt diese Rolle/bringen diese Rollen aus meiner Sicht mit?
- Aus Sicht der Anderen: Wie findet diese Rolle in der Gruppe besonders gut Gehör? Und: Welche Funktion hat diese Rolle in der Gruppe?

Eine ergänzende Anmerkung: In einer akuten Konfliktsituation ist eine allgemeine Reflexion der unterschiedlichen kommunikativen Rollen meist wenig zielführend – hier ist erst der aktuelle Konflikt zu klären.

3.4 Führung und Steuerung in Kollektiven – Mandate auf Zeit

Die Mitglieder des Design-Kollektivs hängen müde und schweigsam in den Sofas des Besprechungsraums – die Messe ist gerade abgeschlossen und hat jeden extrem gefordert. Ein Thema beschäftigt alle in Gedanken: Petes Kommunikationsstil, der fast alle, die mit ihm zu tun haben, an die Decke gehen lässt. Seit einigen Jahren arbeitet Pete auf Honorarbasis regelmäßig bei der Produktpräsentation auf Messen mit. Er kann auf einen riesigen Erfahrungsschatz und ein gutes Gespür für Design im Messebau zurückgreifen. Wenn da nur nicht seine Kommunikationsprobleme wären! Die Techniker des Veranstalters hatte er vor der Messe so zurechtgewiesen, dass diese tagelang sämtlichem Kontakt mit dem Kollektiv aus dem Weg gingen, und der Koordinatorin vor Ort war er so herablassend begegnet, dass Anne, die die Situation mitbekam, am liebsten im Boden versunken wäre. »Wir müssen uns was zu Pete überlegen«, sagt Anne in das Schweigen der Gruppe hinein. »Und wie sollen wir das anpacken?«, fragt Holger und erinnert an die vielen Gesprächsversuche dazu, die inzwischen nahezu jeder von ihnen mit Pete gestartet hat – ohne sichtbaren Erfolg. Pete scheint die Gespräche nicht ernst zu nehmen und wendet sich dann meist einem anderen Mitglied der Kerngruppe zu, das jedoch nicht über vorhergehende Gesprächsergebnisse informiert ist. So ist die Verwirrung komplett, und Pete macht weiter wie bisher.

Auch in Kollektiven werden in vielen Situationen Führung und Steuerung von Einzelnen übernommen: Wenn z. B. die vom Kollektiv benannte Projektkoordinatorin ihren Kolleginnen und Kollegen unangenehme Rückmeldungen zu mangelnder Abstimmung untereinander gibt und eine Auswertungsrunde initiiert, um im nächsten Projekt Fehler zu vermeiden. Oder wenn jemand Mitglieder des Kollektivs zu bestimmten Arbeiten einteilt, um einen Messeaufbau reibungslos zu gestalten. Oder wenn eben ansteht, ein Kritikgespräch mit einem Mitarbeiter zu führen.

Das innere Mindset[4] von Mitgliedern in Kollektiven enthält oft einen unausgesprochenen Nichtangriffspakt: »Ich lasse dir deine persönliche Handlungsfreiheit – und du lässt mir meine.« Führung und Steuerung ist jedoch per se ein Eingriff in die Handlungsfreiheit des Anderen. Wie passt das dann zueinander? Klären wir zunächst die Begriffe:

Um Aufgaben oder ganze Aufgabenbündel im Rahmen einer bestimmten Rolle gut auszuführen und um gemeinsam Ziele zu erreichen, sind oft Aktivitäten über das rein Fachliche hinaus notwendig. Sie zielen dann z. B. darauf ab, auf andere einzuwirken. Solche Aktivitäten lassen sich in zwei Bereiche unterteilen:

– *Abläufe steuern:* z. B. Überblick schaffen, die Zeit im Blick halten und Fristen sichern, Aktivitäten koordinieren, Besprechungen strukturieren, nachhalten, dass Verabredungen umgesetzt werden, Entscheidungen herbeiführen, Projekte managen, notwendige Außenkontakte sicherstellen etc. – und das oft in der Variante, nicht alles selbst zu machen, sondern den Rahmen dafür zu schaffen, dass die notwendigen Schritte durch andere Beteiligte erfolgen.

---

4 Unter »Mindset« verstehen wir ein Bündel von grundlegenden Überzeugungen und Herangehensweisen, das durch individuelle, persönliche oder berufliche, gemeinschaftliche Sozialisation geprägt wurde. In ähnlicher Weise wird die Metapher der inneren Landkarte genutzt, die mal sehr ähnliche, mal aber auch individuell recht unterschiedliche Orientierung gibt. Wer sich mit der Bildung mentaler Modelle vertiefend auseinandersetzen möchte, wird bei Norbert M. Seel (1991) fündig.

- *Personal führen:* z. B. Verträge aushandeln, Neue einführen, Aufgaben an Mitarbeitende übertragen, Rückmeldungen zur Aufgabenerledigung an Mitarbeitende geben und gegebenenfalls Verhaltensänderung einfordern, Aufgabenerledigung kontrollieren, Mitarbeitende unterstützen etc.

Ein Verständnis für die Bedeutung, die »Führung und Steuerung« auch in Kollektiven hat, lässt sich gut aufbauen, indem man sich klarmacht,
- dass *jedes* soziale System Führung und Steuerung braucht, um zielgerichtet handeln zu können, und
- dass es aber gerade in Kollektiven nicht um generelles »Eine Person bestimmt über andere« geht, sondern um das auf Andere einwirkende Handeln im Rahmen klar benennbarer Aufgaben bzw. Rollen.
- dass jedes Kollektiv immer Ablaufsteuerung braucht, das meiste aus dem Bündel Personalführung aber nur, wenn die Kerngruppe Mitarbeitende oder Honorarkräfte beschäftigt, die dauerhaft, zeitweise oder projektbezogen Unterstützungsarbeit leisten (vgl. Abbildung 1, S. 20). Wenn dann nicht klar ist, wer die Führungsaufgaben übernimmt und so als Auftraggeberin und Vertragspartnerin fungiert, entstehen widersprüchliche Aufträge, Orientierungslosigkeit oder deutlich suboptimale Aufgabenerledigung.

Was dann ebenfalls Aufmerksamkeit braucht: Manche Kollektivmitglieder haben größere Lust auf und auch Talent für bestimmte Steuerungs- und Führungsaufgaben als andere. So ist es z. B. zwar nie einfach, einem Mitarbeitenden kritische Rückmeldungen zu geben, manchen fällt es aber leichter als anderen. Dennoch sollten diese unangenehmen Seiten von Führung und Steuerung nicht immer nur von den gleichen Personen übernommen werden, zu groß ist die Gefahr, dass sich aus Sicht der Mitarbeitenden »Good Guy«- und

»Bad Guy«-Rollen entwickeln und die Gruppe spalten. Vielmehr gilt es, in der Kerngruppe des Kollektivs ein gemeinsames Verständnis aufzubauen, welches Führungs- oder Steuerungshandeln in einer bestimmten Situation notwendig ist, und dann gemeinsam diejenige fit zu machen, zu deren Aufgaben oder Rolle die jeweilige Führungsaufgabe gehört, so dass sie die Aufgabe – z. B. das Kritikgespräch – gut ausführen kann.

Es geht also darum, einzelnen Mitgliedern des Kollektivs im Rahmen der von ihnen übernommenen Aufgaben Einflussmacht zu geben, sie für führende und steuernde Aktivitäten zu autorisieren, sie zu »mandatieren«. Umgekehrt erwächst daraus für diejenigen, denen Einflussmacht übertragen wurde, die Verpflichtung, diese auch nur sparsam, also gezielt und begründet einzusetzen.

Ein Kollektiv sollte sich nicht darauf fokussieren, wie es Macht in Schach halten kann, sondern vielmehr dafür Sorge tragen, dass möglichst alle viel Macht und Einfluss auf das Geschehen im Kollektiv haben können. Die breite Verteilung von Führungsaufgaben und ein flexibles Rollenkonzept tragen zu einer Streuung der Einflussmacht bei. In vielen Kollektiven ist es auch ausdrücklich gewünscht, dass diese Aufgaben rotieren – denn schließlich kosten sie Zeit, die vom eigentlichen Kerngeschäft abzuzweigen ist.

Es braucht im Kollektiv auch Sensibilität dafür, wie sich gegebenenfalls eine heimliche Führungshierarchie bildet. Das muss beileibe nicht als Machtanmaßung durch diejenigen geschehen, die Führungs- und Steuerungsaufgaben übernehmen, oft verläuft die Dynamik auch in die andere Richtung: »Den König machen die anderen«. Und gar nicht selten passiert dies auch aus Bequemlichkeit: »X hat doch eine ganz gute Nase für …, dann folgen wir ihr doch mal ohne lange Diskussion«. Und das spielt sich immer öfter ab, man schmeichelt X vielleicht sogar: »Du machst das einfach super!«, bis X eine für die anderen unangenehme Entscheidung verkündet, dann ist umgehend das Thema »Anmaßung« im Raum. Eine gemeinsame Reflexion der Situation würde jedoch schnell den Teufelskreis herausarbeiten, zu dem alle ihren Beitrag geleistet haben.

Im Kollektiv kommt es also wesentlich darauf an, ein gemeinsames Verständnis davon aufzubauen, dass Führung von Mitarbeitenden und Steuerung von Abläufen keine Kompetenzen, kein Statusmerkmal einer einzelnen Person oder Personengruppe sind. Führung und Steuerung stellen vielmehr notwendige Anteile von Aufgaben und Rollen dar, die ein Kollektiv für sich organisiert – sorgfältig analysiert und im Ablauf einübt, damit sie auch in schwierigen Situationen tragen.

Um zu einem zur Kultur des Kollektivs passenden Führungs- und Steuerungshandeln zu kommen, bedarf es individueller und gemeinsamer Reflexions- und Lernprozesse darüber, wie ein bestimmtes Verhalten wirkt und mit welchen Methoden Führungs- und Steuerungssituationen gestaltet werden können. Einer besonderen Steuerungssituation widmen wir uns im nächsten Kapitel: Entscheidungen fällen.

Tipps für den kollektiven Alltag:
Führen und Steuern

Tipp 1: Den Ablauf von Gesprächen rollenbewusst gestalten
Zu einem zielgerichteten Gespräch gehört immer eine gute Vorbereitung. Im Falle von Gesprächen, in denen ein kritisches Feedback gegenüber einer Mitarbeitenden geäußert und möglicherweise auch eine Änderungserwartung formuliert werden soll, empfiehlt sich, die folgenden Fragen vorab gut zu klären:
- Gehört das beabsichtigte Gespräch in den »Mandatsrahmen« meiner Rolle, die mir vom Kollektiv übertragen wurde? Welches Ziel leite ich daraus ab?
- Wenn es ein gesondertes Gespräch ist: Wie lautet der konkrete Auftrag des Kollektivs für dieses Gespräch?

- Was sind die Ziele, die im Sinne des Kollektivs mit diesem Gespräch erreicht werden sollen?
- Habe ich schon einen klaren Verhandlungsspielraum aus meiner Rolle heraus, oder muss ich diesen vorab noch im Kollektiv klären?
- Will ich dieses Gespräch allein führen, oder wäre es besser, noch eine zweite Person aus dem Kollektiv mit hinzuzunehmen?

Während des Gesprächs können folgende Schritte als grobe Leitlinie gelten:
- Die Situation bzw. den Gesprächsanlass schildern, das eigene Mandat erläutern (falls es nicht eine längerfristig übernommene, allen bekannte Rolle ist) und die Ziele für das Gespräch aus Sicht des Kollektivs erläutern.
- Den Gesprächspartner bitten, seine Sicht auf die Situation und seine Interessen zu schildern.
- Einen gemeinsamen »Verhandlungskorridor« im Sinne gemeinsamer Interessen finden und erste Lösungsansätze erarbeiten.

Danach ist es oft hilfreich für alle Beteiligten, eine gewisse Zeit der Überlegung und Gedankenfindung einzuräumen. Bis zum zweiten Gesprächstermin können sich beide Seiten Gedanken zu möglichen Lösungsansätzen machen und diese bei Bedarf mit anderen (z. B. Kerngruppe) rückkoppeln.

An die Nachbereitung denken: Im Kollektiv sollen alle schnell auf einen gemeinsamen Stand kommen, ohne mit Informationen überflutet zu werden – sofern die Ergebnisse des Gesprächs für das ganze Kollektiv wichtig sind. Eine knappe Zusammenfassung (Information über Gespräch und Vorgehensvorschlag) per E-Mail oder in der nächsten Besprechung im engeren Kreis setzt alle ins Bild, entsprechende nächste Schritte sind dann gut gemeinsam zu planen.

Tipp 2: Feedbackkultur aufbauen

Besonders für das Lernen von Führungshandeln sind Rückmeldungen zur Wirkung des eigenen Verhaltens hilfreich – auch wenn sie manchmal eine gewisse Zeit des »Verdauens« benötigen, vor allem, wenn man bisher ein ganz anderes Bild von sich selbst hatte. Oft geht es hier ans »Eingemachte«, also nah an die Person, gerade wenn die Wirkung von Körperhaltung, Gestik und Stimme in bestimmten Situationen Thema wird. Es empfiehlt sich, das Gehörte erst einmal aufzunehmen, ohne sich sofort zu rechtfertigen – das Gesagte spiegelt schließlich lediglich eine von vielen Wirklichkeiten wider, und es lohnt sich herauszufinden, was die gemeinsame Schnittmenge verschiedener Rückmeldungen ist.

Feedback kommt besser an, wenn es gewollt ist, und wenn es portioniert und konkret erfolgt, nicht global. Ein Kollektiv fördert also gezielt die Entwicklung des individuellen Führungs- und Steuerungsverhaltens im Team, wenn es bewusst Zeiträume für gegenseitiges Feedback einplant. Mit Mitarbeitenden kann dies z. B. auch im Rahmen von regelmäßigen Mitarbeitergesprächen stattfinden. Der Einstieg ist für alle leichter, wenn jede Person eine konkrete Frage formuliert, zu der sie Rückmeldung haben möchte, z. B.: »Mich würde interessieren, wie ihr mein Agieren als Ansprechpartnerin für die externen Partner wahrgenommen habt.«

Tipp 3: Die Kümmerer-Rolle aktiv besetzen

In vielen Kollektiven nimmt sie einen besonderen Stellenwert ein: die Rolle des »Kümmerers«, alternativ auch »Mädchen für alles« oder »Border Collie« tituliert. Eine Rolle also, die Aufgaben übernimmt wie *»noch schnell aufräumen, bevor Kunden kommen«*, *»Gruppenmitglieder daran erinnern, dass im Protokoll ihr Name unter dem Arbeitspaket X steht«* oder *»die Gruppe zum Aufbruch mahnen, um den vereinbarten Termin einhalten zu können.«* In fast allen Kollektiven bildet sich diese Rolle zunächst unbewusst aus, meist wird sie von ein oder zwei Personen besonders häufig besetzt. Sie selbst ebenso wie die anderen Mitglieder des Kollektivs erleben diese Rolle mit ihren zwei Seiten der Medaille. Auf der glänzenden Seite steht: »Etwas Wichtiges zur gemeinsamen Sache beitragen« oder »Zum Glück hat jemand daran gedacht«. Auf der Kehrseite steht: »Warum immer ich?!« oder »Schon wieder diese Ermahnungen!« bis hin zu »Ist das wirklich notwendig – es geht doch auch mit weniger?!« Im Laufe der Zeit bahnt sich Frust an, es besteht jedoch eine Scheu, dies offen anzusprechen – angesichts der Ambivalenz, da alle von der Rolle ja auch profitieren. Warum den »Kümmerer« nicht als eigene Rolle definieren, die von unterschiedlichen Personen im Wechsel ausgefüllt werden kann? Dies ist ein mutiger Schritt und führt meist zu allgemeiner Entlastung.

3.5 Dafür – dagegen – oder wie? Entscheidungen fällen

Nicht zum ersten Mal diskutiert das Team der Medienagentur »Stadtgespräch« darüber, Buchhaltung und Rechnungsmanagement outzusourcen. Da platzt Ben der Kragen: »Nur, um mal kurz den Zwischenstand zu sagen: Unsere Beratung zu der Frage hat inzwischen so viel gekostet – da hätten wir jemanden schon zwei Monate für beschäftigen können.« Empörung bei den anderen. Solch eine wichtige Frage könne man eben nicht übers Knie brechen, bisher habe man alles in der eigenen Hand gehabt, das könne man doch jetzt nicht leichtfertig irgendjemandem geben … Knochentrocken setzt Ben noch eins drauf: »Wir neigen auch zu Endlosdiskussionen, wenn es nicht um Weltbewegendes geht. Unser neuer Kaffeevollautomat ist durch unsere gründliche Beratung in der letzten Woche auch um 460 Euro teurer geworden, wenn man mal unseren Umsatzausfall durch das lange Gerede ausrechnet.« Ja, da hatte sich das Team auch wirklich verhakt, Grundsatzdiskussionen rund um Ressourcenverbrauch und Reinigungspflichten mit der Frage nach dem optimalen

Milchschaum verquickt. Und war es wirklich nötig, dass auch noch die Teetrinker mitdiskutiert haben?!

Aus der Überzeugung heraus, dass man nur gemeinsam die beste Lösung finden kann, werden in kollektiv geführten Organisationen wichtige und oft auch weniger wichtige Entscheidungen im gemeinsamen Gespräch gefällt. Der Vorteil: Entscheidungen werden breit getragen, bei der Umsetzung kann mit der Unterstützung aller Beteiligten gerechnet werden. Klar, das kostet Zeit – aber zum einen müssen alle mit den Entscheidungen und ihren Folgen leben, zum anderen dienen diese langen Debatten gerade in der Gründungsphase auch dem gegenseitigen Kennenlernen und der Entwicklung einer guten gemeinsamen Basis.

Auf Dauer ist dieser Aufwand aber nicht tragbar. Solche langwierigen Entscheidungsfindungen würden das laufende Geschäft ausbremsen. Diese Erkenntnis umzusetzen und vom Prinzip »alle treffen Entscheidungen gemeinsam« abzurücken, fällt vielen Kollektiven jedoch schwer, weil Werte wie »Basisdemokratie« und »alle dürfen mitentscheiden« bei ihnen eine hohe Bedeutung haben.

Ein Kollektiv muss deshalb für sich Klarheit gewinnen, wie Grenzen gesetzt werden können:
- Welche Themen und Fragestellungen sollten durch wen erörtert und entschieden werden? Dadurch wird die Zahl der Entscheidenden begrenzt.
- Welche Entscheidungsbasis ist für welche Themen und Fragestellungen ausreichend? Kurz gesagt: Welche Mehrheit soll in welchen Fällen notwendig sein?

Diese Fragen sollten beantwortet werden, ohne die Werte des Kollektivs völlig auszuhebeln und ohne dass die so getroffene Entscheidung auf einer zu schmalen Basis steht.

Hier können Kollektive sehr gut von den Erfahrungen größerer hierarchiearmer Unternehmen lernen, für die das Ziel, breite Beteiligung mit Effizienz und Zeitersparnis zu kombinieren, eine echte Herausforderung an die »Gestaltungslogistik« der Organisation darstellt. Ihre Lösung besteht darin, eine Reihe von unterschiedlichen Entscheidungsformen abzugrenzen und differenziert einzusetzen (Oestereich u. Schröder, 2017)[5]:

- *Entscheidung im Konsens:* Eine Entscheidung wird nur umgesetzt, wenn alle die Lösung ausdrücklich befürworten.
- *Entscheidung mit einfacher Mehrheit:* Wenn mehr als die Hälfte der Anwesenden für eine Lösung stimmen, wird sie umgesetzt.
- *Entscheidung mit qualifizierter Mehrheit:* Hier wird bewusst eine höhere Hürde gesetzt (sog. Quorum), z. B. bei 75 % – so viele müssen mindestens zustimmen, damit die Entscheidung von allen akzeptiert und umgesetzt wird.
- *Konsent:* Eine Entscheidung wird getroffen und umgesetzt, wenn niemand ein Votum dagegen abgibt. Jeder noch bestehende Einwand gegen eine Lösung wird analysiert, es werden Modifikationen erwogen: Wie könnte der Lösungsvorschlag angepasst werden, so dass der Vorbehalt entkräftet werden kann?
- *Einzelentscheidung:* Das Kollektiv überträgt die Entscheidungskompetenz einer einzelnen Person mit Expertise – z. B. einer besonderen Fachkompetenz oder einer besonderen Betroffenheit durch das Thema bzw. die Entscheidung – oder einer Person, der man zutraut, die unterschiedlichsten Interessen im Blick zu haben, dies kann gegebenenfalls auch ein Tandem sein.
- *Konsultativer Einzelentscheid:* Die Entscheidungsbefugnis wird einer einzelnen Person übertragen. Sie ist verpflichtet, andere, die

---

5 Hier werden auch weitere ausgefeilte Entscheidungsverfahren ausführlich beschrieben.

sich mit der Sache auskennen, um Rat zu fragen. Anschließend entscheidet sie auf dieser breit eingeholten Basis von Einschätzungen.
- *Stellvertreterentscheidung:* Je Interessengruppe wird eine Vertreterperson bestimmt, die mit den anderen Vertreterpersonen gemeinsam eine Entscheidung finden soll. Auch hier ist festzulegen, welche Mehrheit bei der Abstimmung der Vertreterpersonen gelten soll.

Bei Entscheidungen von grundlegender Bedeutung werden eher Entscheidungsformen sinnvoll sein, die breite Beteiligung ermöglichen und eine hohe Hürde für die Zustimmungsquote setzen, z. B.: Konsens, Konsent, qualifizierte Mehrheit.

Für viele Alltagsentscheidungen tun Kollektive gut daran, zu üben, Vertrauen in Delegationsentscheidungen zu entwickeln: Einzelentscheidung, konsultativer Einzelentscheid, Stellvertreterentscheidung. Diese Verfahrensweisen reduzieren nicht nur den Aufwand, sondern sorgen häufig auch für qualitativ bessere, weil intensiver vorbereitete Entscheidungen, und sie bewahren vor endlosen E-Mail- oder WhatsApp-Ketten im Nachgang zu oder als Ersatz für Teambesprechungen, die oft neues Konfliktpotenzial generieren, statt die Entscheidung wirklich voranzubringen.

Wichtig ist, *vor* dem Einstieg in die Debatte zum Thema die Form der angestrebten Entscheidungsfindung festzulegen. Wenn diese Frage erst nach einer ersten Entscheidung auftaucht – »Kann diese Entscheidung mit 6:5 Stimmen wirklich Bestand haben? Hätten wir nicht ein höheres Quorum verabreden sollen?« – entsteht der Verdacht, dass damit das erste Ergebnis »zurechtgebogen« werden soll.

Hilfreich ist deshalb, wenn jemand den Entscheidungsprozess moderiert. Eine Moderatorin kann dafür sorgen, dass zunächst alle gehört werden, und etwa auch die Stilleren um eine Stellungnahme bitten, bevor dann die Abstimmung erfolgt. Sie kann zusätzlich auch die

»Vorverhandlung« moderieren, in der man sich auf die Art der Entscheidungsfindung einigt. Viele alltagsnahe Entscheidungen werden im Rahmen der Teambesprechungen getroffen, dann ist die Moderatorin der Teambesprechung auch automatisch diejenige, die die Entscheidung moderiert. Wer bei besonderen Entscheidungen jeweils sinnvoll moderiert, sollte im Einzelfall entschieden werden: Vielleicht jemand, der oder die nicht mittendrin steckt im Entscheidungsthema, jemand, der oder die gut geübt darin ist, mit zwei Rollenhüten – dem der eigenen Meinung und dem der neutralen Moderation – umzugehen, und bei ganz wichtigen, grundsätzlichen Entscheidungen, die z. B. das Selbstverständnis der Gruppe oder wichtige Weichenstellungen für die Zukunft betreffen, vielleicht auch eine Person von außen.

Tipps für den kollektiven Alltag:
Vielfältige Entscheidungswege erproben

Tipp 1: Entscheidungen für Experimente ins Repertoire nehmen
Die meisten Entscheidungen müssen gar nicht sofort für immer gefällt werden. Gerade bezüglich Verfahrensweisen kann man eine Experimentalphase verabreden und sich erst festlegen, wenn man die in ihr gemachten Erfahrungen ausgewertet und gegebenenfalls das Verabredete modifiziert hat.

Tipp 2: Entscheidungen im »Delegationsverfahren« einüben
Kollektive, die bisher alle Entscheidungen im Plenum gefällt haben, können sich gezielt darin üben, die Delegationsverfahren zu erproben. Eine gemeinsame Auswertung der mit ihnen durchlebten Erfahrungen macht transparent, was aus der Befürchtung geworden ist, »dass über meinen Kopf hinweg entschieden wurde«. Entweder haben sich derlei Befürchtungen aufgelöst oder es gilt, das Verfahren nachzuschärfen. Man bekommt in der Erprobungsphase zusehends ein besseres Gespür, welche Entscheidungen tatsächlich noch

ins Plenum gehören. Die Erfahrung zeigt, dass nach und nach immer mehr Entscheidungen delegiert werden können.

Tipp 3: Eine gute Kultur für die Zeit nach einer Mehrheitsentscheidung entwickeln

Harmonieorientierte Kollektive wünschen sich oft Konsens. »Vielleicht kannst du dich doch noch durchringen …« Das verlangt denen mit der abweichenden Meinung aber ein zusätzliches Einknicken und Verleugnen der eigenen Position ab: um des lieben Friedens willen – letztlich eine unnötige Demütigung. Die Ausgleichsbewegung der Minderheit besteht dann nicht selten darin, immer wieder nachzulegen (»ich fand das ja von Anfang an nicht gut«). Als Mehrheit und Minderheit im gegenseitigen Respekt miteinander umzugehen, ist eine wichtige Grundlage der Demokratie. Ein klarer Kontrakt hilft: Die Mehrheit verzichtet darauf, die Minderheit zu missionieren – und die Minderheit verzichtet darauf, ständig nachzutreten und zu nörgeln.

3.6 Kommen und Gehen

»Unser pädagogisches Material ist total verwirrend sortiert. Ich schlage vor, dass ich mich mal dransetze und ein neues Ordnungssystem anlege – z. B. sortiert nach Einsatzfeldern anstatt nach Begriffen wie ›Luftikus‹ oder ›Erdmännchen‹. Wie kommt ihr eigentlich auf solche Bezeichnungen?« Niklas, neu im Kollektiv, schaut eifrig in die Runde – und erntet betretenes Schweigen seiner alteingesessenen Kolleginnen und Kollegen im Waldkindergarten. »Die Sortierung spiegelt unseren pädagogischen Ansatz wider: Die Kinder mit ihren Persönlichkeiten stehen im Mittelpunkt. Es gibt z. B. diejenigen, die sehr viel ›Luft‹ um sich brauchen, ständig in den Ästen der Bäume hängen. Für die ist das ›Luftikus‹-Material, wie z. B. die Werkzeugkiste für den Baumhausbau. Wir haben außerdem sehr lange um diese

Bezeichnungen gerungen«, warnt ihn Anita, eine der Gründungsmitglieder. Johannes kann sich noch gut an die Zeit erinnern, in der sie immer wieder danach gesucht hatten, den Kern ihres neuen pädagogischen Konzeptes in die verschiedenen Alltagsbereiche des Kindergartens hineinzubringen. Das war eine erfüllende, aber auch anstrengende Zeit. »Vielleicht kannst du ja mal damit anfangen, einen Überblick zu erstellen, was überhaupt da ist …«, macht er einen Versuch, Anitas Entgegnung auszugleichen. Er will Niklas nicht demotivieren, aber das Fass wieder aufmachen …?

Ein Einstieg in eine Organisation ist nie leicht – in Kollektiven bringt er einige zusätzliche Herausforderungen für Neue wie für langjährige Mitglieder mit sich. In kollektiv geführten Organisationen sind viele Dinge das Ergebnis eines konstituierenden Aushandlungsprozesses in der Gründungsphase. Mitglieder mit einer längeren Zugehörigkeit schwanken oft gedanklich zwischen »offen sein für Neues«, »den frischen Wind der Neuen nutzen« und dem Bewusstsein, welch wichtige Bedeutung eine bestimmte Herangehensweise oder Begrifflichkeit für die Identität des Kollektivs hat. Das fordert alle heraus zu sortieren: Was sollte wirklich mal wieder neu gedacht und was soll bewusst beibehalten werden?

In kollektiv geführten Organisationen finden sich meist starke Persönlichkeiten, die das Kollektiv deutlich prägen. Es ist für Neue nicht leicht, sich mit ihnen anzulegen – manchmal aber auch nicht für die Alteingesessenen. Gruppen haben deshalb häufig ein unbewusstes Muster entwickelt, mit diesen besonderen Charakteren umzugehen. Wenn Neue in die Kerngruppe einsteigen, werden diese eingefahrenen Bahnen offensichtlich. Das ist ein guter Anlass, die Kommunikation in der Gruppe genauer unter die Lupe zu nehmen und den Impuls der Veränderung durch Neue zu nutzen, festgefahrene Kommunikationsstrukturen aufzulockern.

Viele Kollektive haben in ihrer Gründungszeit Situationen erlebt, in denen einzelne Mitglieder aufgrund inhaltlicher oder persönlicher Differenzen aus der Gruppe ausgestiegen sind. Dies hinterlässt oft tiefe Spuren im kollektiven Gedächtnis der Gruppen, insbesondere was die Aushandlung von Konflikten angeht – schließlich hat man erlebt, dass diese auch zum Bruch führen können. Im schlimmsten Fall werden Konflikte tabuisiert, anstatt ihr Potenzial für Klärung und Weiterentwicklung zu sehen. Neumitglieder bekommen dann bei einzelnen Themen entweder implizit vermittelt: »Achtung, ein Feld mit Tretminen«, so dass sie von sich aus zurückhaltender werden, oder einer innovativen Idee, die eine Neuordnung bringen würde, wird durch vorschnelle Harmonisierung oder Gesprächsumleitung der Wind aus den Segeln genommen.

Egal, ob Neue dazukommen oder angestammte Gruppenmitglieder gehen – ein Kollektiv sollte sensibilisiert sein für die Chancen, die in diesem Einschnitt liegen, und aufmerksam sein für die biografischen Erfahrungen: Wo hemmen alte kollektive Erfahrungen und Glaubenssätze frische, produktive Neuerungen? Wo sorgen sie für Kontinuität und Identität des Kollektivs – die aber vielleicht doch einen neuen Anstrich bekommen könnten, ohne ihren Kern zu verleugnen? Zeit zum offenen Austausch darüber ist unabdingbar.

Tipps für den kollektiven Alltag:
Willkommen heißen und Abschied nehmen

Tipp 1: Die Biografie des Kollektivs vermitteln und reflektieren
Für Neumitglieder ebenso wie für alte Hasen hat die gemeinsame Erstellung einer »Timeline« das Potenzial, einerseits die Wirkung vergangener Ereignisse und ehemaliger Mitglieder auf aktuelle Annahmen und Handlungen zu reflektieren, sowie andererseits einen Blick in die Zukunft in neuer Zusammensetzung zu ermöglichen. Als Material werden eine Schnur, Moderationskarten und dicke Stifte

benötigt. Alle Beteiligten notieren auf zwei Moderationskarten für sich ihre Antworten zu diesen Fragen:
1. In welcher Situation bin ich zum Kollektiv gestoßen, bzw. wann bin ich eingestiegen? (weiße Karte)
2. Welches Ereignis hat mich im Kollektiv besonders geprägt, bzw. verbindet mich mit dem Kollektiv? (grüne Karte)

Entlang der Schnur, die quer durch den Raum auf dem Boden liegt, »erzählen« alle Beteiligten nun chronologisch ihre Geschichte: Wer ist zuerst eingestiegen? Wer war damals noch da? Wer kam dann dazu? Wie war die jeweilige Situation? Welche Ereignisse haben Einzelne oder mehrere besonders geprägt, welche wirken noch bis heute nach?

Wenn die Timeline als Erzählfaden erstellt ist, notieren in einer zweiten Runde alle auf einer gelben Karte ihre Gedanken zu der Frage: »Welchen Wunsch habe ich für die Zukunft des Kollektivs?« Gemeinsam setzt die Gruppe nun den Erzählfaden mit den Wünschen für die Zukunft fort.

Diese Übung eignet sich beispielsweise für den gemeinsamen Einstieg in einen Klausurtag, auf dem gemeinsam mit Neumitgliedern über die Zukunft nachgedacht werden soll. Es sollte ausreichend Zeit (ca. 1,5 Stunden) für die Erstellung der Timeline und einen daran anschließenden Austausch eingeplant werden.

Tipp 2: Sich von Altlasten befreien
Konflikte in der Vergangenheit der Gruppe, die möglicherweise auch eine Spaltung der Gruppe oder den Weggang Einzelner nach sich gezogen haben, sitzen meist so tief, dass eine nachträgliche Bearbeitung nur mit einer externen Supervision erfolgen sollte. Diese kann dabei helfen, bestimmte Konfliktvermeidungsstrategien in der Gruppe aufzudecken, und dazu beitragen, dass sich Beteiligte »von offenen Rechnungen« verabschieden und ihren Blick in eine gemeinsame Zukunft richten.

3.7 Beim Geld scheiden sich die Geister

Beim gemeinsamen Wandern in der Auvergne schildert Sven seinem besten Freund Mehrdad, was ihm gerade in seinem Grafikdesign-Kollektiv zu schaffen macht: »Wir haben unser Auszahlungsmodell modifiziert. Also: Wie kann es gerecht zugehen, wenn mehrere an einem Auftrag mitarbeiten? Jetzt schreiben alle ihre Stunden auf, und entsprechend dem eingesetzten Stundenkontingent wird dann das Honorar aufgeteilt – so der Plan. Eigentlich schien uns das allen am gerechtesten so, das bildet ja auch ganz gut ab, dass Tarek nur Teilzeit arbeiten will und andere eben mehr machen. Aber inzwischen denke ich, dass ich da ziemlich blöd bei wegkomme. Ich bin ziemlich schnell mit Entwürfen. Oft denke ich beim Joggen morgens schon über was nach – und am Schreibtisch setze ich das dann flott um. Da habe ich nicht viele Arbeitsstunden zum Aufschreiben. Tim z. B. kaut regelrecht an der Tastatur rum und braucht eben viel länger. Und Carina hat sich neulich im Zusammenhang mit einem Auftrag in das neue Grafikprogramm reingefuchst – und dann auch all die Stunden aufgeschrieben. Also ist das jetzt plötzlich mein Nachteil, dass ich die Programme alle schon beherrsche?! Und ich verdiene weniger, nur weil ich fixer und effizienter bin?«

Der Anspruch vieler kollektiv geführter Organisationen, bewusst ein Gegenmodell zu herkömmlichen Strukturen zu bilden, macht auch vor dem Thema Geld nicht halt. Aus den vielen Punkten rund ums Geld[6] greifen wir zwei heraus, die in den meisten Kollektiven eine Rolle spielen:
- *Bezahlung:* »Zusammenarbeit auf gleicher Augenhöhe zieht gleiche Entlohnung für die geleistete Arbeit nach sich.« Auf diesem

---

[6] Weitere Fragen betreffen z. B. Honorarhöhen und deren mögliche Differenzierung, die Ausgaben, deren Einstufung nach »Pflicht« und »Kür« höchst unterschiedlich ausfallen, eine Aufgabe selbst erledigen oder als Dienstleistung bezahlen etc.

Glaubenssatz bauen viele Kollektive den Verteilschlüssel ihres ersten verdienten Geldes auf. Dies passt auch zur Rechtsform der GbR, die viele Kollektive zu Beginn wählen: Hier wird in der Regel der Gewinn gleichmäßig auf die Gesellschafterinnen und Gesellschafter verteilt. Wenn das kollektiv geführte Unternehmen wächst, Aufgabenbereiche ausdifferenziert und Mitarbeitende sowie temporäre Partner dazugewinnt, streut der anfängliche Glaubenssatz Sand ins Getriebe. Denn es werden Unterschiede deutlich: Mitglieder der Kerngruppe tragen das volle Risiko auch über Durststrecken, andere sind nur dabei, wenn es Arbeit gibt. Mitarbeitende bekommen ihr Geld meist regelmäßig auf ihr Konto überwiesen, Mitglieder der Kerngruppe oft nur, wenn »etwas übrig bleibt«. Innerhalb der Kerngruppe gibt es Aufgaben, die kein direktes Geld in die Kasse spülen, andere Aufgaben erfordern ein Vielfaches an Anstrengung (z. B. wenn die Gruppe auf Tournee geht) und tragen direkt dazu bei, dass Geld reinkommt. Diese Situationen führen unweigerlich zu einer mal mehr, mal weniger verdeckten Auseinandersetzung über das Thema der gerechten Bezahlung.

- *Fragen der sozialen Absicherung:* Schon in einer frühen Phase der kollektiv geführten Organisation wird deutlich, dass es Unwägbarkeiten im Leben der einzelnen Mitglieder und Mitarbeitenden gibt. Ab und an kann jemand wegen Krankheit einen Auftrag nicht übernehmen, dann wieder sind es kranke Kinder, die das Zuhausebleiben einfordern. Dazu kommen Schwangerschaften oder kritische Lebenssituationen wie die Pflege von Angehörigen. Insbesondere wenn die einzelnen Mitglieder kein sozialversicherungspflichtiges Gehalt vom Kollektiv beziehen, wird die Organisation mit ihren grundlegenden Annahmen herausgefordert: Wenn »die Sorge füreinander« konstituierend war – heißt das dann nicht auch, dass alle Mitglieder beim Thema Geld mitsorgen, wenn es im Leben Einzelner einmal nicht nach Plan zugeht? Und wie damit umgehen, wenn sich auch hier auf Dauer Unterschiede manifestieren? Manche sind seltener krank, einige haben keine Kinder und stehen deshalb flexibler und verlässlicher für die Arbeit zur Verfügung.

Keine kollektiv geführte Organisation kommt ohne die Beschäftigung mit diesen und weiteren Themen rund um die gerechte Verteilung des Geldes und gegenseitige Fürsorge aus. Das starke *Wir* und der besondere Umgang mit Unterschieden befeuern die Auseinandersetzung zusätzlich: In manchen Gruppen werden diese Themen zuerst tabuisiert und dann mit besonders starker Emotionalität ausgetragen, in anderen Gruppen werden gleich von Beginn an mit Vehemenz »die Erfüllung des kollektiven Anspruchs« eingefordert und individuelle Befindlichkeiten in den Hintergrund gedrängt. Beides macht es schwierig, eine von allen getragene und als fair empfundene Vereinbarung zum Thema Geld zu finden.

Tipps für den kollektiven Alltag:
Sich dem Thema Geld annähern

Tipp 1: Die »dritte Sicht« bei Entscheidungen
        rund ums Geld einbeziehen

Entscheidungen rund ums Geld sind in der Regel komplex und erfordern zusätzliche Informationen, die über das Alltagswissen hinausgehen. Meist bereiten ein oder zwei Mitglieder die entsprechende Entscheidung vor. An dieser Stelle ist schon erhöhte Sensibilität gefordert: Einerseits müssen sie das Wohl der gesamten Gruppe im Auge haben, andererseits denken und handeln sie auch als einzelnes Mitglied mit dem Wunsch nach angemessener Entlohnung. Um diesen Interessenskonflikt zu neutralisieren, sollte früh und wiederholt eine »dritte Sicht« in die Gruppe geholt werden: Dies kann eine vorbereitete Fragerunde aller mit einer externen Expertin sein oder auch die Zusammenfassung von Gesprächen mit Externen, die einzelne Mitglieder der Gruppe zur Hintergrundrecherche geführt haben.

Diese vorbereitend-erforschenden Arbeiten ermöglichen den Mitgliedern des Kollektivs eine aktive und informierte Auseinandersetzung und Entscheidung. Entscheidungen rund ums Geld gehören übrigens zu denen, die tatsächlich in der gesamten Runde und nicht nur delegativ getroffen werden sollten.

Tipp 2: Das Staffelholz im richtigen Moment weiterreichen

Wenn es auf die Entscheidungsfindung selbst zugeht, ist es hilfreich, wenn diejenigen, die die Vorbereitung übernommen haben, das Staffelholz der Moderation an ein weiteres Mitglied übergeben. So reduzieren sie ihren Einfluss auf den Prozess der Entscheidungsfindung, und selbst wenn dadurch der Prozess verlängert wird – es baut dem Gefühl vor, dass da jemand ein Thema und seine Meinung dazu »durchgezogen hat«. Entscheidungen zum Geld haben es in sich, und das lohnt die zusätzliche Mühe und Zeit. Sinnvoll ist auch, zwischen Beratung und Entscheidung einige Zeit zum Nachdenken und Austauschen einzuräumen.

Im Laufe der Entscheidungsfindung sollte auch Wert darauf gelegt werden, dass wirklich alle sich äußern und Position beziehen – sich erst zurückzulehnen und dann nach der Entscheidung Unzufriedenheit zu äußern, geht bei diesem grundlegenden und »empfindlichen« Thema Geld nicht.

3.8 Innen und Außen – Kommunikation und Kooperation mit dem Umfeld

Die erste gemeinsame Besprechung im Projekt »Neue Ansätze in der häuslichen Pflege« steht an. Die Mitglieder des Pflegekollektivs sitzen mit ihren Projektpartnern aus einer renommierten stationären

Pflegeeinrichtung zusammen. Während die Kollektivmitglieder wie gewohnt gleich voller Energie einsteigen und im regen Austausch schon mal die wichtigsten Eckpunkte neuer Pflegeansätze sammeln, werden die Vertreterinnen der Pflegeeinrichtung immer stiller. In Gedanken suchen sie nach der Person, die im Kollektiv die Projektleitung innehat und dementsprechend den Ablauf der Themen in der Besprechung steuert. Sie finden keine Antwort auf diese unausgesprochene Frage – alle Mitglieder des Kollektivs scheinen gleichermaßen in dieser Rolle zu sein. Sie warten also erst mal ab und beobachten, wie ihre eigene Projektverantwortliche die Sache angeht.

Als die Mitglieder des Kollektivs am Abend beisammensitzen, geht es heiß her: »Ich habe gar keine Lust mehr auf das Projekt!«, meint Sylvia, und Hannes pflichtet ihr bei: »Das ist doch verschwendete Energie – die ticken einfach komplett anders als wir.« Marius beschwichtigt: »Jetzt macht mal halblang: Wir haben zwei Wochen Zeit, um uns auf das nächste Treffen vorzubereiten. Bis dahin können wir uns noch mal mit unserer Ansprechpartnerin bei der Pflegeeinrichtung Gedanken machen, woran diese seltsame Stimmung und diese mangelnde Beteiligung wohl liegen mag.«

Einige kollektiv geführte Organisationen hinterlassen nach einer gewissen Zeit nachhaltige Spuren in ihrem Umfeld – oft zunächst kaum wahrnehmbar für die Beteiligten selbst. Erste Anzeichen zeigen sich z. B. darin, dass Mitglieder eingeladen werden, über ihre Arbeitsweisen und Erfahrungen zu berichten. Manchmal entstehen daraus auch gemeinsame Projekte, an denen unterschiedliche (auch hierarchisch strukturierte) Organisationen beteiligt sind (vgl. Kulturstiftung des Bundes, 2018). Spätestens dann merken alle Beteiligten sowohl aus kollektiv geführten wie aus hierarchischen Organisationen: »Die ticken ja ganz anders, als ich es von meinen eigenen Kolleginnen und Kollegen gewohnt bin!« Diese wahrgenommene

Unterschiedlichkeit an den Schnittstellen kann auf allen Seiten zu Verunsicherung oder Misstrauen (Matzke, 2012) gegenüber der Zusammenarbeit führen.

Zum gegenseitigen Verständnis aller Beteiligten hilft ein Blick auf die Bereiche der Zusammenarbeit, bei denen es zwischen kollektiv geführten und eher hierarchisch strukturierten Organisationen besonders häufig zu Irritationen kommt:

Bedeutung von Rollen: Während in kollektiv geführten Organisationen eine Rolle gleichbedeutend mit einem Bündel an Aufgaben ist, das schnell auch mal neu geschnürt und von unterschiedlichen Personen übernommen werden kann, ist eine Rolle in eher hierarchisch strukturierten Organisationen in der Regel an eine Person gebunden. In der Zusammenarbeit ist es hilfreich, die (unterschiedlichen) Erwartungen an die jeweiligen Rollen transparent zu machen.

Umgang mit Verantwortlichkeiten: Während Mitglieder eines Kollektivs sich die Frage stellen: »Welche Form von Überblick ist in Situation X notwendig – und wie organisieren wir diesen?«, fragen Mitglieder hierarchisch strukturierter Institutionen eher: »Wer ist für den Überblick in Situation X zuständig?« Für die Zusammenarbeit heißt das auf Seiten des Kollektivs, eine Sensibilität für hierarchische Strukturen und deren Bedarf an eindeutig zugeordneten Verantwortlichkeiten zu entwickeln. Auf der anderen Seite müssen sich kooperierende Institutionen häufig länger gedulden, bis sie vom Kollektiv eine Antwort auf die folgende Frage erhalten: »Wer ist denn bei euch verantwortlich in Situation X?«

Entscheidungswege: Während bei Kollektiven die Entscheidungsfindung meist in der Hand mehrerer Personen liegt, ist diese in hierarchisch strukturierten Organisationen an einzelne Rollen und die entsprechenden Rolleninhaber gebunden. In Kollektiven wird der Einbeziehung vieler Perspektiven und damit einer besonderen Qualität der Entscheidung Vorrang vor Schnelligkeit gegeben. Für die Zusammenarbeit bedeutet dies, dass Kollektive eine Sensibilität für unterschiedliche Arten von Entscheidungen entwickeln müssen (erfordert die Situation eine schnelle operative Entscheidung oder ist z. B. eine tiefergreifende künstlerische Entscheidung notwendig?) und insbesondere für die Entscheidungen im operativen Bereich auch mal einzelne Mitglieder mandatieren und als »entscheidungsbefugte« Ansprechpartner gegenüber dem Kooperationspartner benennen sollten. Auch für Mitglieder hierarchisch strukturierter Organisationen lohnt es sich, in der Kooperation zwischen den Entscheidungsarten zu differenzieren und ein Gefühl dafür zu entwickeln, wann nach eindeutigen Ansprechpartnern gefragt werden kann und wann eine Entscheidung eher davon profitiert, wenn sie von einer breiten Basis beim Kooperationspartner getragen wird.

Anforderungen an Abläufe: Während sich ein Kollektiv organisatorische Abläufe oder betriebswirtschaftliche Vorgänge oft autodidaktisch angeeignet hat und diese Abläufe auch flexibel entsprechend dem aktuellen Bedarf anpasst, verfügen hierarchisch strukturierte Organisationen meist über festgelegte Regeln, wie z. B. Vorgaben zur Buchführung bei der Abrechnung von Fördergeldern. Diese aus Sicht der hierarchischen Institution selbstverständlichen Regeln können im Kollektiv bei Nichtbeachtung oder schlichtem Nichtwissen zu einem Zeitpunkt zu Problemen führen, an dem »der Zug fast schon abgefahren ist«. Dies ist der Fall, wenn etwa schon verbuchte Belege erst viel später nach Projektabschluss der Rechnungsprüfung vorgelegt, von dieser bemängelt werden und dann korrigiert werden müssen. Hier hilft es allen Seiten, gleich zu Beginn der Zusammenarbeit gemeinsam einen Blick auf die Mindestanforderungen an übergreifende Abläufe und auf die Gestaltung der Schnittstellen zu werfen.

Besprechungskulturen: Während in einer kollektiv geführten Organisation die Mitglieder meist Strukturen und Abläufe intuitiv, autodidaktisch und je nach aktuellem Bedarf aufgebaut haben, gehören in hierarchischen Organisationen irgendwann einmal festgelegte Vorgaben und Regeln zu Abläufen, z. B. von Besprechungen, zum Alltag und sind von den Mitarbeitenden in der Regel auch breit akzeptiert. Dies kann dazu führen, dass bei gemeinsamen Besprechungen zunächst beiderseits Orientierungslosigkeit herrscht: Kollektivmitglieder vermissen die Vertrautheit, mit deren Hilfe sich etwa die Redebeiträge »intuitiv sortiert« haben, Mitglieder von kooperierenden Institutionen suchen nach einer explizit ernannten Redeleitung. In der Zusammenarbeit bewährt es sich, wenn in gemeinsamen Besprechungen einfache und für alle Beteiligten schnell erlernbare Werkzeuge eingesetzt werden, die z. B. verhindern, dass alle durcheinander sprechen oder ständig wichtige Themen aufgrund einer fehlenden gemeinsamen Agenda hinten runter fallen.

Konfliktlösungsstrategien: Während kollektiv geführte Organisationen die Lösung von Konflikten in der Kerngruppe gemeinsam angehen und damit eine von allen Kollektivmitgliedern getragene Lösung anstreben, sehen Mitglieder hierarchisch strukturierter Organisationen die Verantwortlichkeit für Konfliktlösungen oft in einzelnen hierarchischen Rollen. In der Zusammenarbeit hilft es, wenn einerseits die Kollektive im laufenden Projekt regelmäßig Zeit einplanen, um eventuell auftauchende Konflikte intern zu besprechen. So können von den Mitgliedern gemeinsam getragene Lösungsvorschläge gefunden werden, die dann explizit nach außen kommuniziert bzw. mit Vertretern der kooperierenden Institution ausgehandelt werden, anstatt dass einzelne Kollektivmitglieder vorschnell auf den Erwartungsdruck reagieren, »dass doch jetzt mal jemand eine Ansage machen muss«. Andererseits müssen hierarchisch strukturierte Organisationen im Blick haben, dass sie zwar in der Kooperation mit Kollektiven oft keine schnellen Lösungsvorschläge für Konflikte bekommen; wenn dann aber Lösungsvorschläge da sind, diese auch von der breiten Masse der Kollektivmitglieder nachhaltig mitgetragen werden.

Wenn es häufig zu Kooperationen zwischen solch unterschiedlich strukturierten Organisationen kommt, lohnt es sich, spezielle Rollen einzurichten, deren Aufgabe es ist, diese besonderen Reibungspunkte im Blick zu behalten und die Kooperationspartner mit entsprechendem methodischem Handwerkszeug zu unterstützen, wie es beispielsweise im Bereich der Darstellenden Künste mit einer Weiterbildung für diese spezielle Rolle des »Grenzmanagements« durch die Akademie für Performing Arts Producer umgesetzt wurde (Bündnis Internationaler Produktionshäuser, 2018).

Tipps für den kollektiven Alltag: Kommunikation mit dem Außen

Tipp 1: Hilfreiche Fragen für den Start einer Kooperation

Zu Beginn einer Kooperation steht immer eine beiderseitige Auftragsvereinbarung. In manchen Fällen geschieht das fast nebenbei: ein kurzes Gespräch zwischen Tür und Angel, und jeder Partner weiß, was zu tun ist. Je größer die Institution, je komplexer damit die Strukturen im Hintergrund werden oder auch je höher das finanzielle und rechtliche Risiko ist, desto förmlicher ist diese Auftragsvereinbarung. Ob nun eine Kooperation in großem oder kleinem Umfang: Es lohnt sich, im Rahmen eines Auftragsklärungsgesprächs vorab die gegenseitigen Erwartungen mitzuteilen. Hierbei helfen Fragen aus der systemischen Beratung zur Auftragsklärung oder aus dem sogenannten Contracting:
- Wenn das Projekt abgeschlossen ist – welche Ziele sollen damit erreicht worden sein? Was soll danach anders sein?

- Was würden einzelne Mitarbeitende des Kooperationspartners zu den Zielen sagen, wenn sie hier mit im Raum sitzen würden? Welche Aspekte des Projektes würden sie kritisch sehen? Bei welchen Zielen wären sie sofort mit dabei?
- Welche Personen sollten aus Sicht des Kooperationspartners in das Projekt mit eingebunden werden?
- Wer profitiert am meisten von diesem Projekt, welche Personengruppe eher weniger?
- Gab es ähnliche Kooperationen oder Projekte in der Vergangenheit? Wenn ja, welche Erfahrungen haben Sie bzw. einzelne Mitglieder der Organisation damit gemacht? Wo lagen besondere Stolpersteine?

Die Antworten geben auch Aufschluss für die Gestaltung der ersten Kontakte auf der Arbeitsebene. Dann kann beispielsweise expliziter benannt werden, welche Erwartungen die Partner an die Rollen der einzelnen Beteiligten haben.

Tipp 2: Kommunikation in großen Runden strukturieren

Im Alltag von Kooperationsprojekten bringt Folgendes oft deutliche Entlastung: Wenn Besprechungen in großer Runde mit den Beteiligten angesetzt sind, sollte immer eine Person die Moderation übernehmen – dabei können sich durchaus verschiedene Personen abwechseln. Zu den Aufgaben der Moderation gehört unter anderem:
- In Absprache mit allen Beteiligten vorab die Tagesordnung zusammenzustellen.
- Die Zeit innerhalb einzelner Tagesordnungspunkte im Blick zu behalten.
- Eine Sprecherliste zu führen.
- Ergebnisse der Diskussion zusammenzufassen.

4 Handlungsleitlinien für Beteiligte

Nach den vielen konkreten Fragestellungen aus dem Alltag kollektiv geführter Organisationen bringen wir zum Abschluss einige Querschnittsaspekte auf den Punkt, die viele dieser Fragestellungen verbinden.

4.1 Ein neues Verhältnis zu Macht und Führung gewinnen

Zahlreiche Beispiele in diesem Buch zeigen: Damit Kollektive wirksam und erfolgreich werden können, nach außen wie innen, brauchen alle Mitglieder Einflussmacht – und auch die Entschiedenheit, Einfluss ausüben zu wollen. Nur dann können Interessen sichtbar werden, und nur dann kann um beste Lösungen gerungen werden, wenn Einzelne ihre Aufgaben ausführen oder im Rahmen der ihnen übertragenen Rolle agieren, wenn die Gruppe Unterschiede ausbalanciert und in ihrer Vielfalt zur Wirkung bringt, wenn bestmögliche Entscheidungen gefällt werden und vieles mehr. Aktive Einflussnahme ist also ein wichtiges Element zur Gestaltung der Zusammenarbeit in der kollektiv geführten Organisation.

Dieser kreative Aspekt von Einfluss kann aber nur zum Tragen kommen, wenn die Mitglieder des Kollektivs in ihrem gemeinsamen Mindset verankern, dass Einfluss, Macht, Führung und Steuerung keine festgeschriebenen Privilegien einzelner Personen oder Personengruppen sind, sondern im Alltag vom Kollektiv immer wieder frei und zeitlich begrenzt vergeben werden – je nach Rolle und Aufgabenbereich an eine einzelne Person oder an eine Gruppe.

Es ist die Aufgabe der Kollektivmitglieder, immer wieder zu prüfen, wann eine bestimmte Einflussnahme konstruktiv im Sinne des »Voranbringens« ist und wann sie destruktiv zu werden droht, weil sie andere in ihrem Handeln unangemessen einschränkt oder zu Blockaden in der gesamten Gruppe führt. Stellt sich letzteres ein, hilft eine offene Diskussion, die trennt zwischen »Was benötigen Einzelne, um im Alltag wirksam ihre Aufgaben erledigen zu können – und welche Einflussnahme ist dadurch legitimiert?« und »Welche Einflussnahme ist nicht durch Aufgabe oder Rolle legitimiert?«

4.2 Das Nachdenken über die eigene Organisation fördern

An Reibungspunkten entsteht Wärme – und diese kann kreative Energie befördern. Dies gilt nicht nur für den Prozess der eigentlichen Arbeit am Produkt oder an der Dienstleistung. Diese Wärme kann durchaus auch für die Gestaltung der eigenen Organisation genutzt werden.

Da viele kollektiv geführte Organisationen ihren Ursprung in einem bewussten Gegenmodell zu anderen, traditionell strukturierten Organisationen der gleichen Branche haben, ist das Nachdenken über den eigenen Betrieb oft geprägt durch ein »*weg von*« – weg von Hierarchie, weg von Entfremdung, weg von Demotivation etc. Um die Organisation unter den Beteiligten kreativ diskutierbar zu machen, hilft es, einen Blick »*hin zu*« einzunehmen.

Wichtige Gestaltungsfelder mit »*hin zu*«-Potenzial sind Fragen rund um die zukünftige Entwicklung der kollektiv geführten Organisation: »Wo sehen wir uns in zwei, fünf, … Jahren?« Diese Frage sollte sich sowohl auf das Kerngeschäft beziehen als auch auf die internen (Organisations-)Strukturen: Wie wird es sein, wenn es gut ist und wir zufrieden sind? Und im Anschluss lassen sich dann die notwendigen Zwischenschritte und Aktivitäten auf dem Weg dorthin herausarbeiten.

Ein weiterer Ansatz zur Gestaltung der Organisation ist das gemeinsame Nachdenken über Rollen (vgl. Kapitel 3.2).

4.3 Kommunikation strukturiert reflektieren

Mitglieder kollektiv geführter Organisationen bringen in der Regel ein sehr hohes Bewusstsein für die Bedeutung von Kommunikation mit. Schließlich hat ihnen die Kommunikation untereinander auch geholfen, ihren innovativen Ansatz oder ihr neues Produkt zu entwickeln. Intensive Kommunikation ist sozusagen tief in die DNA von Kollektiven eingeschrieben.

Fremd ist vielen kollektiv geführten Organisationen allerdings oft noch, Kommunikation strukturiert im Hinblick auf Aufgaben oder Anforderungen im komplexen beruflichen Alltag zu betrachten: Was an unserer Art der Kommunikation ist nützlich und zielführend, wo haben wir (ungewollt) Kommunikationsweisen entwickelt, mit denen wir uns selbst im Weg stehen oder die die Abläufe unnötig umständlich machen? Wenn jedoch erst einmal der erste Schritt in diese Richtung erfolgt ist und man gemeinsam Muster und Wirkungsgefüge entdeckt, sind viele Kollektive mit großer Kreativität dabei, die strukturierte Reflexion und die daraus gewonnenen Erkenntnisse nicht nur mit Blick auf die Zusammenarbeit untereinander, sondern auch im Hinblick auf die Gestaltung und Verbesserung ihrer Dienstleistung und ihrer Außenwirkung zu nutzen.

Systematische Reflexion hilft, präziser und gezielter miteinander zu kommunizieren, Interessen und Intentionen verständlich zu machen und somit die eigene Wirksamkeit zu erhöhen, dabei aber auch andere mit auf den gedanklichen Weg zu nehmen.

Die eigene Kommunikation zu reflektieren, quasi aus einer Hubschrauberperspektive heraus zu betrachten, ist insbesondere für diejenigen wichtig und stützend, die immer wieder Führungs- und Steuerungsaufgaben übernehmen, mit denen sie gegebenenfalls in Handlungsspielräume anderer hineinwirken und diese zum Mitziehen bewegen wollen.

Die lange gemeinsame Geschichte der Kommunikation miteinander prägt auch die Handlungsgewohnheiten des Kollektivs. Diese lassen sich in einem meist vollen Alltag nur schwer reflektieren. Deshalb ist es wichtig, sich als Gruppe bewusste Auszeiten zu nehmen, z. B. im Rahmen einer gemeinsamen jährlichen Klausur. Hier haben dann nicht nur die Themen rund um Kommunikation und Zusammenarbeit Platz, sondern auch das Nachdenken über die Struktur der Organisation und der gemeinsame Blick auf die Zukunft.

III

Am Ende

Literatur

Buchmann, Sabeth, van Eikels, Kai (2018). Die Arbeit mit Performance. Ein Gespräch über Zusammenarbeit, Kollektivität und den Wert von Performance (mit Solvej Ovesen, Andrea Rohrberg, Kerstin Cmelka). Texte zur Kunst, Heft 110. Themenheft: Performance Evaluation, 119–139.

Bündnis Internationaler Produktionshäuser (2018). Akademie für Performing Arts Producer. Zugriff am 7.11.2018 unter https://produktionshaeuser.de/akademie-fuer-performing-arts-producer/

Dreysse, Miriam (2012). Kollektive Arbeitsformen im Gegenwartstheater – Impuls. Zugriff am 23.10.2018 unter http://www.was-geht-berlin.de/sites/default/files/miriam_dreysse_kollektive_arbeitsformen_2012.pdf

enorm weconomy (2018). Genossenschaften. ENORM MAGAZIN, 1/2018. Hamburg: Social Publish Verlag.

Fink, Dagmar, Lummerding, Susanne, Wiederspahn, Katja: gender et alia (2013). Kollektiv wie auch kollektive Praxis im kollektiven Arbeiten kontinuierlich neu zu re-artikulieren: eine Herausforderung. In Dagmar Fink, Birge Krondorfer, Sabine Prokop, Claudia Brunner (Hrsg.), Prekarität und Freiheit? Feministische Wissenschaft, Kulturkritik und Selbstorganisation (S. 190–199). Münster: Westfälisches Dampfboot.

Flaake, Karin (1993). Lieber schwach, aber gemeinsam, als stark, aber einsam? In Claudia Koppert (Hrsg.), Glück, Alltag und Desaster. Über die Zusammenarbeit von Frauen (S. 42–57). Berlin: Orlanda Frauenverlag.

Frl. Wunder AG (2018). Frl. Wunder AG, Performance Kollektiv, Hannover. Beschreibung der Frl. Wunder AG auf der Webseite der Stadt Hannover. Zugriff am 24.10.2018 unter https://www.hannover.de/Kultur-Freizeit/B%c3%bchnen,-Musik,-Literatur/B%c3%bchnen/Spielst%c3%a4tten-von-A-Z/Fr%c3%a4ulein-Wunder-AG

Gob Squad (2018). Gob Squad, Performance Kollektiv, Nottingham/Berlin. Selbstbeschreibung auf der Webseite der Gruppe. Zugriff am 24.10.2018 unter http://www.gobsquad.com/about-us

KfW Bankengruppe (Hrsg.) (2011). KFW-Research. Fokus Innovation: Gründungen in der Kreativwirtschaft. Standpunkt Nr. 10, September 2011. Zugriff am 22.10.2018 unter https://www.kfw.de/Download-Center/Konzernthemen/Research/PDF-Dokumente-Standpunkt/Standpunkt-Nr.-10-September-2011.pdf

Kollmann, Tobias (2016). E-Entrepreneurship. Grundlagen der Unternehmensgründung in der Digitalen Wirtschaft (6. Aufl.). Wiesbaden: Springer.

Kulturstiftung des Bundes (2018). Doppelpass – Fonds für Kooperationen im Theater. Zugriff am 7.11.2018 unter https://www.kulturstiftung-des-bundes.de/de/projekte/buehne_und_bewegung/detail/doppelpass_fonds_fuer_kooperationen_im_theater.html

Laloux, Frederic (2015). Reinventing Organizations. Ein Leitfaden zur Gestaltung sinnstiftender Formen der Zusammenarbeit. München: Vahlen.

Lechler, Thomas, Gemünden, Hans G. (2002). Gründerteams. Chancen und Risiken für den Unternehmenserfolg. Heidelberg: Physica.

Matzke, Mieke (2012). Von glücklichen Kollektiven. Anmerkungen zu gemeinschaftlichen Arbeitsweisen im Theater (aus der ganz subjektiven Perspektive eines She She Pop-Mitglieds). In Christian Esch, Matthias von Hartz, Tom Stromberg (Hrsg.), Es geht auch anders: Theaterfestival Impulse (S. 48–52). Berlin: Theater der Zeit.

Nagel, Reinhard (2009). Lust auf Strategie. Workbook zur systemischen Strategieentwicklung (2., akt. und erw. Aufl.). Stuttgart: Schäffer Poeschel.

Oestereich, Bernd, Schröder, Claudia (2017). Das kollegial geführte Unternehmen. Ideen und Praktiken für die agile Organisation von morgen. München: Vahlen.

Robertson, Brian J. (2016). Holacracy – Ein revolutionäres Management-System für eine volatile Welt. München: Vahlen.

Rohrberg, Andrea, Schug, Alexander (2010). Die Ideenmacher. Lustvolles Gründen in der Kultur- und Kreativwirtschaft – ein Praxis-Guide. Bielefeld: transcript.

Schindowski, Waldemar, Voß, Elisabeth (Hrsg.) (2001). Jahrbuch Nachhaltiges Wirtschaften. Ausgabe 1. Neu-Ulm: AG SPAK.

Seel, Norbert M. (1991). Weltwissen und mentale Modelle. Göttingen u. a.: Hogrefe.

She She Pop (2018). She She Pop, Performance Kollektiv, Berlin. Selbstbeschreibung auf der Webseite der Gruppe. Zugriff am 24.10.2018 unter https://sheshepop.de/ueber-uns/

Sievers, Burkhard (2000). Organisationsentwicklung als Lernprozeß personaler und sozialer Systeme – oder: Wie läßt sich OE denken? In Karsten Trebesch (Hrsg.), Organisationsentwicklung: Konzepte, Strategien, Fallstudien. Wegweisende Beiträge aus der Zeitschrift Organisations-Entwicklung (S. 30–49). Stuttgart: Klett-Cotta.

Steinmann, Horst, Schreyögg, Georg (2013). Management. Grundlagen der Unternehmensführung. Konzepte – Funktionen – Fallstudien (7., vollst. überarb. Aufl.). Wiesbaden: Springer Gabler.

Linktipps

http://www.kollektiv-betriebe.org

Eine lebendige Website mit vielen Erfahrungsschnipseln aus diesem Zusammenschluss Berliner Kollektivbetriebe, einer längeren Seite zu »Kooperativen, Kollektive & Projekte. Der Traum vom anderen Arbeiten hat eine lange Geschichte« sowie Adressen von spezialisierten Beratungsdiensten (letzter Zugriff: 7.11.2018).

http://anstiften.net/kollektivbetrieb

Seite einer selbstorganisierten Gruppe von Auszubildenden im Bauhandwerk. Eine ganze Reihe von Bau-Kollektiven wird auf dieser Seite vorgestellt, ferner gibt es auch einen »how-to-kollektiv«-Leitfaden mit vielen praktischen Beispielen aus Bau-Kollektiven (letzter Zugriff: 7.11.2018).

www.contraste.org:

Monatszeitung für Selbstorganisation (letzter Zugriff: 7.11.2018).

Danksagung

Wir sagen ein großes Danke an diejenigen, die mit scharfem Blick und wohlwollend-freundlichen wie auch kritisch-hinterfragenden Rückmeldungen geholfen haben, klare Schneisen in die Vielfalt der Themen zu schlagen und den Text besser lesbar zu machen: Friedemann Felger, Sabine Frankenberger, Johanna Freiburg und Sabine Schwittek. Ein herzlicher Dank gilt auch Imke Heuer, die als Lektorin mit intensivem Eintauchen in den Text für die weitere sprachliche Klarheit gesorgt hat.

Die Autorinnen

Andrea Rohrberg

Ich bin Diplom-Kunsttherapeutin (FH), Projektmanagerin (VMI) und systemische Organisationsentwicklerin (ÖGGO).

Aktuelle Schwerpunkte
meiner Berufstätigkeit

Als Geschäftsführerin eines Startups (scottyscout.com) stehe ich jeden Tag aufs Neue einer Flut an Herausforderungen gegenüber. Diese Erfahrungen teile ich gerne mit anderen: gemeinsam eine innovative Idee ans Laufen und in den Markt bekommen, agile Strukturen und passende Abläufe für Arbeitsprozesse aufbauen, mit Krisen im Team umgehen und zusammen besondere Erfolge feiern, im Unternehmen eine Kultur des Lernens und Experimentierens entwickeln und vieles mehr.

Was mich mit Kollektiven verbindet?

Seit über zehn Jahren begleite ich regelmäßig kollektiv geführte Organisationen vor allem im Bereich des Freien Theaters und der Performance. Dabei stehen Fragen wie die zum Kollektiv passenden Strukturen und Abläufe ebenso im Mittelpunkt wie Fragen rund um die Vision zur gemeinsamen Zukunft, die Führung von Mitarbeitenden und die Kommunikation und besondere Dynamik bei Konflikten zwischen den Mitgliedern. An der Zusammenarbeit mit kollektiv geführten Organisationen inspiriert mich besonders das hohe Bewusstsein dafür, dass man Neues besser gemeinsam in die Welt bringt.

Dorothea Herrmann

Ich bin Diplom-Psychologin mit Zusatzqualifikationen als systemische Therapeutin, Supervisorin und Coach (DGSv) und Wirtschaftsinformatikerin (M.Sc.). Der erste Qualifikationsstrang schärfte meinen Blick auf das Zwischenmenschliche und die soziale Dynamik, der zweite mein Know-how zu hilfreichen Strukturen, Prozessen und Methoden für die Steuerung und Zusammenarbeit in Organisationen. Ich bin außerdem zertifiziert als Beraterin im bundesweiten Förderprogramm *unternehmensWert:Mensch*.

Aktuelle Schwerpunkte meiner Berufstätigkeit

Als Organisationsberaterin unterstütze ich besonders gern öffentliche und Non-profit-Organisationen – weil sie so wichtig sind für unser alltägliches Leben. Ebenso gern begleite ich kleine Unternehmen in Wachstumsphasen. Agile Arbeitsmethoden spielen bei all dem immer eine besondere Rolle, weil sie Selbstorganisation fördern und ernsthaftes, intensives Arbeiten mit Spaß verknüpfen. Daneben coache ich Führungskräfte. Und wenn ich webbasierte Kooperationsplattformen für und mit räumlich verteilt arbeitenden Teams und Fach-Communities konzipiere und realisiere, spielen Psychologie und Informatik Hand in Hand.

Was mich mit Kollektiven verbindet?

Mit einem Sockel biografischer Erfahrungen in der selbstorganisierten Jugendverbandsarbeit, als Familientherapeutin in einer hierarchiearmen Nische eines großen sozialen Trägers und mit der nun schon 15 Jahre währenden kollektiven Steuerung von *synexa consult* bin ich mit Überzeugung in kollektiven Arbeitsweisen verankert. Als Beraterin in der gemeinsamen Arbeit mit hierarchiefreien oder hierarchiearmen Organisationen erlebe ich immer wieder, wie sehr es lohnt, um gute Lösungen für die Zusammenarbeit auf Augenhöhe und das »Andersmachen« zu ringen.

LEBEN. LIEBEN. ARBEITEN:
SYSTEMISCH BERATEN

Herausgegeben von Jochen Schweitzer und Arist von Schlippe

Petra Rechenberg-Winter
Trauer in Familien – wenn das Leben sich wendet
2017. 80 Seiten, mit 2 Abb., kart.
ISBN 978-3-525-40510-9

Tanja Kuhnert
Leben in Hartz IV – Armut und Menschenwürde
2017. 88 Seiten, mit einer Abb., kart.
ISBN 978-3-525-40508-6

Julika Zwack / Ulrike Bossmann
Wege aus beruflichen Zwickmühlen
Navigieren im Dilemma
2017. 95 Seiten, mit 2 Abb., kart.
ISBN 978-3-525-40507-5

Barbara Ollefs
Die Angst der Eltern vor ihrem Kind
Gewaltloser Widerstand und Elterncoaching
2017. 88 Seiten, mit einer Abb., karr.
ISBN 978-3-525-40509-3

Marion Ludwig
Wohnungslos – Umgang mit Exklusion
2018. 107 Seiten mit 6 Abb., kartoniert
ISBN 978-3-525-45300-1

Marc Weinhardt
Kompetenzorientiert systemisch beraten lernen
Gebrauchsanweisung für die eigene Professionalisierung
2018. 80 Seiten mit 3 Abb. und 1 Tab., kartoniert
ISBN 978-3-525-45290-5

Joachim Wenzel
Familien im Medienzeitalter
Digitalisierung in der Beratungspraxis
2018. 85 Seiten mit 3 Abb. und 7 Tab., kartoniert
ISBN 978-3-525-45256-1

Alle Titel auch als eBook. Leseproben und Infos auf unserer Homepage

V&R   Vandenhoeck & Ruprecht Verlage
www.vandenhoeck-ruprecht-verlage.com

LEBEN. LIEBEN. ARBEITEN: SYSTEMISCH BERATEN

Herausgegeben von Jochen Schweitzer und Arist von Schlippe

Ute Clement
Wandel in Organisationen
Über Roadmaps, Heldenreisen und Saftpressen
2018. 104 Seiten mit 9 Abb., kart.
ISBN 978-3-525-40657-1

Corina Ahlers
Patchworkfamilien beraten
2018. 87 Seiten mit 2 Abb., kart.
ISBN 978-3-525-40627-4

Christian Hawellek | Ursula Becker
Menschen mit Demenz erreichen und unterstützen – die Marte-Meo-Methode
2018. 83 Seiten mit 4 Abb., kart.
ISBN 978-3-525-40626-7

Carsten Hennig
Humane Arbeit
Herausforderungen für die Beratung
2018. 96 Seiten, mit einer Abb., kart.
ISBN 978-3-525-40621-2

Andreas Eickhorst
Frühe Hilfen
Früh im Leben und früh im Handeln
2019. 88 Seiten, mit 2 Abb. und einer Tab., kartoniert
ISBN 978-3-525-40493-5

Andrea Rohrberg | Dorothea Herrmann
Hinter den Kulissen – kleiner Leitfaden für kollektiv geführte Organisationen
2019. 94 Seiten mit 4 Abb., kart.
ISBN 978-3-525-40482-9

Christoph Ewen | Carla Schönfelder | Yvonne Knapstein
Bürger, Behörden und Blockaden
Konflikthafte Entscheidungen in Planung und Politik im Dialog begleiten
2019. 83 Seiten, mit 9 Abb. und 2 Tab., kartoniert
ISBN 978-3-525-40483-6

Vandenhoeck & Ruprecht Verlage
www.vandenhoeck-ruprecht-verlage.com